Mon zoo littéraire

Kate Sanborn

Writat

Cette édition parue en 2024

ISBN : 9789359946580

Publié par
Writat
email : info@writat.com

Contenu

LES ANIMAUX DE TOUT LE MONDE.

Le monde ne l'a pas encore vu,

Qui n'a pas aimé un animal de compagnie.

Pas les animaux de compagnie humains de personnalités célèbres, comme Pet Marjorie de Walter Scott, cette charmante petite sorcière précoce, tant aimée du «Magicien du Nord», ou Bettina von Arnim , la jeune fille excentrique et brillante, dont l'idolâtrie rhapsodique était placidement encouragée. par le grand Goethe, mais les favoris muets d'hommes et de femmes distingués.

Je dois consacrer quelques pages aux divers hommages rendus aux insectes, aux oiseaux et aux animaux, écrits avec amour, pitié ou admiration, mais pas comme animaux de compagnie, comme le discours de Burns à la Mousie :

Je suis vraiment désolé de la domination de l'homme

A brisé l'union sociale de la Nature,

Et justifie cette mauvaise opinion,

Ce qui te fait sursauter

À moi, ton pauvre compagnon né sur terre

Et compagnon mortel;

et un autre à un insecte innommable qui rime avec souris. On se souvient aussi de son essai sur l'Homme inhumain, où il voyait passer un lièvre blessé en boitant. La mouche a souvent été honorée en prose ou en vers, mais nous préférons tous le discours bienveillant du cher oncle Toby dans Tristram. Shandy à la bouteille bleue envahissante, qui lui avait bourdonné au nez et l'avait cruellement tourmenté pendant le dîner, et qu'après d'infinies tentatives, il avait enfin attrapé. «Je ne te ferai pas de mal», dit l'oncle Toby; « Je ne te blesserai pas un cheveu de la tête. Va, dit-il en soulevant la fenêtre, va, pauvre diable, va-t'en. Pourquoi devrais-je te faire du mal ? Ce monde est sûrement assez vaste pour nous accueillir, toi et moi.

Tristram ajoute : « La leçon alors imprimée n'a jamais été oubliée depuis une heure, et je pense souvent que je dois la moitié de ma philanthropie à cette impression accidentelle. »

La sauterelle grecque devait être une créature merveilleuse, un objet sacré et considérée comme une charmante chanteuse. Lorsque Socrate et Phèdre arrivèrent à la fontaine ombragée du palmier, où ils eurent leur fameux discours, Socrate parla du « chœur des sauterelles ».

Un autre fait dire à l'insecte au rustique qui l'a capturé :

Moi, le ménestrel des Nymphes, dont la douce note

On entend une colline sensuelle et un bosquet ombragé flotter.

Un autre encore chante comment une sauterelle a remplacé une corde cassée sur sa lyre et a « rempli la cadence due ».

Cette sauterelle pindarique ne ressemble en rien aux criquets ravageurs de l'Occident. Burroughs suggère de l'amener dans notre pays, car quelqu'un essaie d'introduire l'alouette anglaise.

Emerson consacre un poème au gros bourdon somnolent, véritable optimiste :

Plus sage que le voyant humain,

Philosophe à culotte jaune ;

Ne voyant que ce qui est juste,

Ne siroter que ce qui est sucré.

Un délicieux volume pourrait être compilé sur la littérature sur la vie des oiseaux, depuis le coucou, le premier chanteur honoré par les poètes, jusqu'au canari de Matthew Arnold. Passant aux animaux, les poètes du Lac s'intéressèrent dans une mesure notable à ces humbles compagnons. Dans Peter Bell, poème qui prouva l'intenabilité des théories poétiques de Wordsworth, l'âne est le héros, un véritable prédicateur, comme au temps de Balaam. Et Coleridge, au grand amusement de ses critiques, adressa quelques lignes à un jeune âne, sa mère étant attachée près de lui :

Comme ses pas sont posés ici !

Il semble dire : Et ai-je donc un ami ?

Poulain innocent ! toi , pauvre, méprisé et abandonné !

Je te salue mon frère, malgré le mépris de cet imbécile !

Et je voudrais t'emmener avec moi, dans le vallon

De paix et de douce égalité pour habiter.

Où Toil appellera la charmeuse Santé son épouse,

Et les rires chatouillent le côté sans côtes de Plenty !

Comme tu voudrais lancer tes talons dans un jeu ludique,

Et gambader comme un agneau ou un chaton gay !

Ouais! et plus doux musicalement pour moi .

Ton cri de joie dissonant et dur serait,

Que des mélodies gazouillées qui apaisent le repos

La douleur du sein vide de la mode pâle.

Wordsworth a également écrit sur The White Doe of Rylstone et The Pet Lamb.

Southey a rendu hommage au cochon et à l'ours dansant :

Hélas, pauvre Bruin ! Comment il marche sur le poteau,

Et se dandine autour d'elle à pas lourds

Se balançant d'un côté à l'autre. Le maître de danse

A eu en lui un élève aussi inutile

Comme quand il a torturé mes pauvres orteils

Au menuet la grâce, et les faisait bouger comme sur des roulettes

En obéissance musicale.

Après avoir sympathisé avec son « sort pitoyable », il dresse une morale pour les partisans de la traite négrière.

Il a également adressé des poèmes à The Bee et A Spider ; ce dernier doit être donné dans son intégralité, tant il est fort et original dans ses comparaisons :

Araignée! tu tu n'as pas besoin de courir dans la peur

Pour fuir mes yeux curieux ;

Je ne t'écraserai pas humainement les entrailles

De peur que tu ne manges les mouches ;

Je ne te rôtirai pas non plus avec un foutu délice,

Ton étrange courage instinctif pour voir,

Car il y en a quelqu'un qui pourrait

Un jour, rôtis-moi.

Tisseur de pièges, tu es l'emblème des chemins

De Satan, père du mensonge ;

L'énorme araignée noire de l'enfer, pour l'humanité, elle pond

Ses travaux, comme toi pour les mouches.

Quand l'œil occupé de Betty parcourt la pièce,

Malheur à cette jolie géométrie, si on la voit !

Mais où est celui dont le balai

La terre doit-elle être nettoyée ?

travailleur occupé ! encore une ressemblance

Puisse encore le verset se prolonger,

Car, araignée, tu es comme le poète pauvre,

Que tu as aidé par le chant.

Tous deux occupés à notre nourriture nécessaire pour gagner

Nous travaillons comme la nature nous l'a enseigné, avec des douleurs incessantes,

Tu tournes tes entrailles,

Je me tourne la tête.

Vous vous souvenez que l'obstination avec laquelle une araignée renouvelait ses efforts après avoir échoué six fois à fixer son filet, poussa Bruce à la persévérance et au succès.

Les oies caquantes sauvèrent Rome, et Caligula ferra d'or son cheval préféré et le nomma vice-consul, car il le considérait de loin supérieur aux hommes qui aspiraient à cette position honorable . Virgile amusait ses loisirs avec un moucheron. Homère a fait des grenouilles et des souris des animaux de compagnie.

Le cheval a été très apprécié par de nombreuses personnes célèbres qui n'ont pas eu honte de le posséder.

M. Everett a raconté un jour une anecdote pathétique d'Edmund Burke, selon laquelle « au cours du déclin de sa vie, alors qu'il vivait à la retraite dans sa ferme de Beaconsfield, la rumeur remontait jusqu'à Londres selon laquelle il était devenu fou et faisait le tour de son parc en embrassant ses vaches. et les chevaux. Son fils unique était mort peu de temps auparavant, laissant un cheval caressé qui avait été transformé en parc et traité comme un favori privilégié . M. Burke, lors de ses promenades matinales, s'arrêtait souvent pour caresser son animal préféré . À une occasion, le cheval reconnut M. Burke de loin et, s'approchant de plus en plus, le regarda avec le regard le plus suppliant de reconnaissance et dit aussi clairement que des mots auraient pu le dire : « Je l'ai perdu aussi ! puis la pauvre bête muette posa délibérément sa tête sur le sein de M. Burke. Accablé par la tendresse de l'animal, exprimée dans l'éloquence muette du langage universel de la sainte Nature, l'illustre homme d'État perdit un instant son sang-froid et, serrant dans ses bras l'animal préféré de son fils , il éleva cette voix qui avait provoqué les voûtes de l'animal. Westminster Hall faisait écho aux sons les plus nobles qui résonnaient en eux et pleurait à haute voix. Burke est parti ; mais, monsieur, tenez-moi donc au ciel, si j'étais appelé à désigner l'événement ou la période de la vie de Burke qui supporterait le mieux une accusation de folie, ce ne serait pas lorsque, dans un jaillissement du sentiment le plus saint et le plus pur qui ait jamais existé. a ému le cœur humain, il a pleuré à haute voix sur le cou du cheval préféré d'un fils mort .

Lord Erskine a composé quelques lignes à la mémoire d'un poney bien-aimé, Jack, qui l'avait transporté sur le circuit national lors de sa première admission au barreau, et qui ne pouvait se permettre un mode de voyage plus somptueux :

Pauvre Jack ! l'ami de ton maître quand il était pauvre,

Dont le cœur était fidèle et dont le pas était sûr !

Si une vie prospère devait débaucher mon cœur égaré,

Et l'orgueil murmurant repousse le rôle du patriote ;

Si mon pied vacille au sanctuaire de l'ambition

Et pour un gain médiocre, quitte le chemin divin,

Alors puis-je penser à toi - quand j'étais pauvre -

Dont le cœur était fidèle et dont le pas était sûr.

L'adresse suivante d'un Arabe à son cheval est traduite de l'arabe par Bayard Taylor :

Viens, ma belle ! viens , mon chéri du désert !

Sur mon épaule pose ta tête brillante.

N'ayez crainte, même si le sac d'orge est vide,

Voici la moitié du maigre pain d'Hassan.

Penche ton front maintenant pour recevoir mes baisers,

Lève avec amour ton œil sombre et splendide.

Tu es heureux quand Hassan monte en selle,

Tu es fier qu'il te possède ; moi aussi.

Nous avons vu Damas, ô ma beauté !

Et la splendeur des pachas là-bas ;

Quelle est leur faste et leur richesse ? Pourquoi, je ne le ferais pas

Prends-les pour une poignée de tes cheveux !

Tu auras ta part de rendez-vous, ma beauté,

Et tu sais que ma outre est gratuite.

Buvez et soyez les bienvenus ; car les sources sont lointaines,

Et ma force et ma sécurité sont en toi.

Bayard Taylor aimait et appréciait les animaux et, dans un article paru en février 1877 dans l'Atlantic Monthly sur les études sur la nature animale, il déclarait : « Si la théorie de Darwin était vraie, elle ne dégraderait pas l'homme ; cela élèvera simplement le monde animal tout entier à la dignité, laissant l'homme aussi loin en avance qu'il l'est actuellement.

Il ajoute : « J'ai toujours eu un grand respect pour les animaux et je me suis efforcé de les traiter avec la considération que je pense qu'ils méritent. Ils ont des perceptions rapides et savent quand se montrer confiants ou réticents. Je n'ai pas appris de meilleur moyen de gagner leur confiance que de me demander : si j'étais tel ou tel animal, comment devrais-je souhaiter être traité par l'homme ? et d'agir sur cette suggestion. Puisque la clé des langues séparées a été perdue des deux côtés, l'intelligence supérieure doit daigner ouvrir certains moyens de communication avec l'intelligence inférieure.

« Malheureusement, les zoologistes se donnent rarement la peine de le faire ; ils s'intéressent plus au crâne d'un éléphant, au fémur d'un oiseau ou à la nageoire dorsale d'un poisson, qu'à l'intelligence ou au sens moral rudimentaire de la créature. Mais le premier domaine est ouvert à tous les profanes, et rien d'autre qu'un mépris traditionnel obstiné pour nos esclaves ou nos ennemis traqués dans le monde animal ne nous a empêché d'en avoir une connaissance plus vraie.

« En premier lieu, les animaux ont une bien plus grande capacité à comprendre la parole humaine qu'on ne le pense généralement. Il y a quelques années, voyant l'hippopotame du musée Barnum très impassible et abattu, je lui ai parlé en anglais, mais il n'a même pas bougé les yeux. Puis je suis allé dans le coin opposé de la cage et j'ai dit en arabe : « Je te connais ; Viens à moi.' Il tourna instantanément la tête vers moi. Je répétai ces mots, et là-dessus il arriva au coin où je me tenais, appuya sa tête énorme et disgracieuse contre les barreaux de la cage, et me regarda en face avec un plaisir touchant tandis que je lui caressais le museau. J'ai rencontré deux ou trois fois un lion qui reconnaissait la même langue, et l'expression de ses yeux m'a semblé un instant positivement humaine.

Il raconte également son expérience avec une lionne apprivoisée en Afrique. « En peu de temps, nous sommes devenus de très bons amis. Elle me connaissait et semblait toujours heureuse de me voir, même si je la taquinais parfois un peu en me mettant à califourchon sur son dos ou en m'asseyant sur elle lorsqu'elle était allongée. Lorsqu'elle était d' humeur joueuse, elle venait à ma rencontre aussi loin que la corde le lui permettait, passait ses pattes avant autour de ma jambe et la prenait ensuite dans sa bouche, comme si elle allait me manger. J'étais un peu alarmé quand elle a fait ça pour la première fois ; mais je vis bientôt qu'elle était simplement en train de jouer et qu'elle n'avait aucune pensée de me faire du mal, alors je la pris par les oreilles et lui frappai les côtés, jusqu'à ce qu'enfin elle se couche et me lèche la main. Sa langue était aussi grossière qu'une râpe à muscade et ma main avait l'impression que la peau était râpée.

« Il y avait aussi dans le jardin un léopard avec lequel je jouais beaucoup, mais que je n'ai jamais autant aimé que la lionne. Il était plus petit et plus actif, et apprit bientôt à sauter sur mes épaules lorsque je me baissais, ou à grimper sur l'arbre auquel il était attaché, chaque fois que je le lui commandais. Mais il n'était pas aussi affectueux que la lionne, et il oubliait parfois de rentrer ses griffes lorsqu'il jouait, de sorte que non seulement il déchirait mes vêtements, mais il me griffait les mains. J'ai encore les marques d'une de ses dents sur le dos de ma main droite.

«Ma vieille lionne n'a jamais été rude, et je me suis souvent assis sur le dos, lorsqu'elle s'était étendue pour faire une sieste, pendant une demi-heure à la fois, fumant ma pipe ou lisant.

«Je vous assure que j'étais vraiment désolé de me séparer d'elle, et quand je l'ai vue pour la dernière fois, un soir au clair de lune, je lui ai fait un bon câlin et un baiser affectueux. Elle m'aurait rendu mon baiser si sa bouche n'avait pas été trop grande ; mais elle m'a léché la main pour me montrer qu'elle m'aimait, puis elle a posé sa grosse tête par terre et s'est endormie.

« Chère vieille lionne ! Je me demande si tu penses à moi un jour. Je me demande si tu me connaîtrais, si jamais nous nous revoyions.

Si notre défunt ministre à Berlin, poète accompli, linguiste et cosmopolite, pouvait accorder son attention aux animaux en tant qu'amis et compagnons, il n'y aurait rien de dévalorisant à lire leurs louanges dites ou chantées par ceux que nous aimons tous honorer .

Hamerton , en effet, fait une comparaison dans laquelle nous arrivons en deuxième position. Il dit : « Combien de lassitude y a-t-il eu dans la race humaine au cours des cinquante dernières années, parce que la race humaine ne peut pas s'arrêter politiquement là où elle était et, ne trouvant pas de repos, elle est poussée vers un avenir étrange que les plus sages attendent avec impatience. gravement, car certainement très sombre et probablement très dangereux ! Entre-temps, les abeilles ont-elles souffert d'un malaise politique ? ont -ils douté de l'utilisation de la royauté ou renoncé au coût de leur reine ? Ces républicains industrieux, les fourmis, sont-ils allés chercher un souverain avec inquiétude ? L'aigle s'est-il lassé de son isolement et a-t-il cherché sa force dans la pratique du socialisme ? Le chien est-il devenu trop éclairé pour supporter plus longtemps sa position d'humble ami de l'homme et a-t-il envisagé une union canine pour une protection mutuelle contre les maîtres ? Non; les grands principes de ces existences sont supérieurs au changement, et ce que l'homme recherche perpétuellement, un ordre politique en parfaite harmonie avec sa condition, la brute l'a hérité avec ses instincts.

Cowper, dans The Task, consacre plusieurs pages au bon traitement des animaux, et exprime son admiration pour leurs nombreuses nobles qualités :

Distingué en grande partie par la raison, et plus encore

Par notre capacité de grâce divine,

Des créatures qui n'existent que pour nous,

Qui, après nous avoir servis, périt, nous sommes retenus

Redevable; et Dieu un jour futur,

Nous compterons sans réserve pour les abus

De ce qu'il ne considère pas comme une confiance mesquine ou triviale.

Supérieurs comme nous le sommes, ils dépendent pourtant

Pas plus sur l'aide humaine que nous sur la leur.

Leur force, ou leur rapidité, ou leur vigilance, étaient données

Au secours de nos défauts. Dans certains on trouve

De telles parties enseignables et appréhendantes,

Les réalisations de cet homme dans ses propres préoccupations,

Associé à l'expertise des brutes dans les leurs,

Sont souvent vaincus et jetés loin derrière.

Certains font preuve de cette belle sagacité de l'odorat,

Et lire avec tant de discernement, au port

Et la figure de l'homme, son but secret,

Que souvent nous devons notre sécurité à une compétence

Nous ne pouvons pas enseigner et devons désespérer d'apprendre.

Bryant, dans ses célèbres Lignes à la sauvagine, a une pensée frappante :

... Celui qui de zone en zone

Guide à travers le ciel sans limites ton vol certain,

Sur le long chemin que je dois parcourir seul,

Conduira mes pas correctement.

BOW-WOW-WOW !

Le chien n'abandonne pas son maître; non, pas quand il est complètement mort. — DR CAIUS.

Chien aux yeux noisette pensifs,

Manteau hirsute, ou pieds bronzés,

Que penses-tu quand tu as l'air si sage

Face à ton camarade, mec ?

— WC OLMSTED.

CONSACRÉ AUX CHIENS.

Nous aspirons à une affection totalement ignorante de nos défauts. Le ciel nous a accordé cela dans l'attachement canin non critique. — GEORGE ELIOT.

La littérature, l'histoire et la biographie regorgent d'exemples d'affection entre les chiens et leurs propriétaires. Souvenez-vous du chien Argus, mort de joie au retour de son maître Ulysse après vingt ans d'absence. L'histoire est racontée de manière touchante dans l'Odyssée d'Homère :

« Alors qu'il s'approche des portes de son propre palais, il aperçoit, mourant de vieillesse, de maladie et de négligence, son chien Argus, le compagnon de bien des longues poursuites dans des jours plus heureux. Son instinct détecte aussitôt son ancien maître, même à travers le déguisement prêté par la déesse de la sagesse. Avant de le voir, il connaît sa voix et son pas, et lève les oreilles.

Et quand il remarqua Ulysse sur le chemin,

Et il ne pouvait plus s'approcher de son seigneur,

Fawned avec sa queue et affaissé dans un jeu faible

Ses oreilles. Ulysse, se retournant, essuya une larme.

C'est le dernier effort du pauvre Argus, et le vieux chien se retourne et meurt...

Je viens de voir Ulysse la vingtième année.

Les Égyptiens adoraient le chien comme le représentant d'un des signes célestes, et les Indiens le considéraient comme l'une des formes sacrées de leurs divinités. Le chien est placé aux pieds des femmes dans les monuments, pour symboliser l'affection et la fidélité ; et beaucoup de croisés sont représentés les pieds sur un chien, pour montrer qu'ils suivaient l'étendard du Seigneur comme un chien suit les traces de son maître. « L'homme », a déclaré Burns, « est le dieu du chien » – il ne connaît rien de plus élevé à vénérer et à obéir. Les rois et les reines ont trouvé parmi les chiens leurs amis les plus fidèles. Frédéric le Grand a laissé ses meubles élégants à Potsdam être presque ruinés par ses chiens, qui sautaient sur les chaises de satin et dormaient confortablement sur les canapés luxueux, et on peut encore voir tout un cimetière consacré à ses animaux de compagnie. Le joli épagneul appartenant à Mary Queen of Scots mérite une mention honorable . Il aimait sa malheureuse maîtresse alors que ses amis humains l'avaient abandonnée ; s'est blottie à ses côtés lors de l'exécution et a dû être forcée de s'éloigner de son corps ensanglanté. L'une des plus jolies photos de la princesse de Galles est prise avec un petit épagneul dans les bras.

Avant d'aller plus loin, rappelons simplement quelques-uns des chiens les plus célèbres de la mythologie, de la littérature et de la vie, en donnant simplement leurs noms, faute de place :

Le chien d'Arthur Cavall .

Chien de Catherine de Médicis , Phœbê , chien de poche.

Le chien de Cuthullin , Luath , un chien aux pieds rapides.

Jip, le chien de Dora.

Le chien de Douglas, Luffra , de La Dame du Lac.

Bran, le chien de Fingal.

Brutus, le chien de Landseer, peint comme l'envahisseur du garde-manger.

Gelert , le chien de Llewellyn .

Lord Lurgan, Maître McGrath : présenté à la cour par le désir exprès de la reine Victoria.

Silvio, le chien de Maria, dans le voyage sentimental de Sterne.

Toby, le chien de Punch.

Les chiens de Sir Walter Scott Maida, Camp, Hamlet .

Chien des Sept Dormants, Katmir .

Le célèbre chien du Mont Saint-Bernard, qui a sauvé quarante êtres humains, s'appelait Barry. Sa peau empaillée est conservée au musée de Berne.

Le chien de Sir Isaac Newton, qui, en renversant une bougie, détruisit de nombreux manuscrits précieux, s'appelait Diamond.

L'ancien Xantippus fit enterrer son chien sur une éminence proche de la mer, qui a conservé depuis lors son nom de Cynossema . Il existe même des légendes selon lesquelles des nations auraient eu un chien pour roi. On dit qu'aboyer n'est pas une faculté naturelle, mais s'acquiert grâce au désir du chien de parler avec l'homme. Dans la nature, les chiens se contentent de gémir et de hurler.

Lorsqu'Alexandre rencontra Diogène le cynique, le jeune roi macédonien se présenta en disant : « Je suis Alexandre, surnommé « le Grand ». » Ce à quoi le philosophe répondit : « Et je suis Diogène , surnommé « le Chien ». » Les Athéniens éleva à sa mémoire un pilier de marbre de Paros, surmonté d'un chien, et portant l'inscription suivante :

« Dis, chien, qu'est-ce qui te garde dans ce tombeau ?

Un chien. "Son nom?" Diogènes . "De loin?"

Sinopé . « Celui qui a fait d'une baignoire sa maison ? »

Le même; maintenant mort, parmi les étoiles une étoile.

Quel homme ou quelle femme mérite d'être rappelé mais a aimé au moins un chien ? Hamerton , en parlant du chien unique – l'animal de compagnie spécial et le compagnon cher de chaque garçon et de nombreuses filles, d'Ulysse à Bismarck – observe que « la brièveté relative de la vie des chiens est la seule imperfection dans la relation entre eux et nous ». . S'ils avaient vécu jusqu'à soixante-dix ans, l'homme et le chien auraient pu traverser la vie ensemble ; mais dans l'état actuel des choses, nous devons soit avoir une succession d'affections, soit, lorsque la première est enterrée dans sa tombe précoce, vivre dans un état froid d'absence de chien . Je le remercie d'avoir inventé ce mot composé. Presque tout le monde pourrait, comme Grace Greenwood et Gautier, écrire une Histoire de mes animaux de compagnie et en faire un livre des plus lisibles. Bismarck a honoré l'un de ses chiens, Néron, avec des funérailles formelles. Le corps a été porté sur les épaules de huit ouvriers vêtus de noir jusqu'à une tombe dans le parc. Il avait été empoisonné et une grosse récompense était offerte pour la découverte de l'assassin. Le prince, homme d'État, diplomate, ne croit pas à l' absence de chien et donne à un autre chien, également dévoué, la même intense affection. « Mon chien, où est mon chien ? » sont ses premiers mots en descendant d'un chemin de fer, car Sultan doit voyager en deuxième classe. Il mélange même la nourriture de ses chiens de ses propres mains, pensant que cela les fera l'aimer davantage.

Un autre Néron était le compagnon spécial de Mme Carlyle, un petit chien blanc, qui avait pour compagnon de jeu un chat noir, nommé Columbine, et Carlyle dit que pendant le petit-déjeuner, chaque fois que la porte de la salle à manger était ouverte, Néron et Columbine venez valser dans la pièce au comble de la joie. Il accompagnait partout sa maîtresse, mené par une chaîne par crainte des voleurs. Pendant onze ans, il a applaudi sa vie à Craigenputtock , « le coin le plus solitaire de Grande-Bretagne ».

La mort de Néron fut tragique . En octobre 1859, alors qu'il se promenait un soir avec la bonne, une charrette de boucher qui tournait furieusement dans un virage serré lui heurta la gorge. Il n'a pas été tué sur le coup, même si sa maîtresse affirme « qu'il avait l'air assez tué au début ». Le pauvre garçon fut plongé dans un bain chaud, enveloppé dans des flanelles et laissé mourir. La matinée le trouva cependant meilleur ; il était capable de remuer la queue en réponse aux caresses de sa maîtresse.

Peu à peu, il reprit l'usage de lui-même, mais il lui fallut dix jours avant de pouvoir aboyer.

Il vécut ensuite quatre mois, docile, affectueux, fidèle jusqu'à sa dernière heure, mais faible et plein de douleur. Le médecin fut obligé de lui donner enfin de l'acide prussique. Ils l'ont enterré au sommet du jardin de Cheyne Row et ont planté des primevères autour de sa tombe, et sa maîtresse bien-aimée a placé une tablette de pierre, avec son nom et sa date, pour marquer le dernier lieu de repos de son chien béni.

«Je n'aurais pas pu croire», écrit Carlyle dans les Mémoriaux, «mon chagrin à cette époque et depuis lors aurait été la vingtième partie de ce qu'il était - bien plus, que le manque de lui aurait été pour moi autre chose qu'un débarras. Notre dernière promenade de minuit ensemble — car il a insisté pour essayer de venir — le 31 janvier, est encore douloureuse à ma pensée. Petit point blanc et obscur de vie, d'amour, de fidélité et de sentiment, ceinturé par les ténèbres de la nuit éternelle.

N'est-ce pas là une délicieuse révélation de tendresse dans le cœur du grand vieux grogneur, biographe, critique, historien, essayiste, prophète, que la plupart des gens craignaient ? J'aime le lire encore et encore.

L'égoïste et cynique Horace Walpole veillait nuit après nuit avec sa Rosette mourante. Il écrit : « La pauvre Rosette a terriblement souffert ; vous pouvez croire que moi aussi », et l'honora de cette épitaphe :

Les roses les plus douces de l'année

Éparpillé autour de la bière de ma Rose.

Que la poussière repose tranquillement

De ma jolie et fidèle Rose ;

Et si derrière toi se trouve une colline au sommet d'un nuage

Ce cadre dissous, ce souffle résigné,

Une île plus heureuse, un paradis plus humble,

Soyez à mes vœux tremblants exaucés,

Admis à ce ciel égal

Que la douce Rose me tienne compagnie.

Et du chien Touton , que lui a laissé Madame du Deffand, il dit : « C'est incroyable comme je l'aime ; mais je n'ai aucune occasion de me vanter de ma *dogmanité* » (autre mot expressif). Il a dit : « Un chien, même s'il est flatteur, reste un ami. » Byron, ce génie égoïste et misanthrope, composa une épitaphe sur Maître d'équipage, son chien préféré , dont la mort plongea le poète maussade dans la plus profonde mélancolie. La tombe du chien est encore aujourd'hui représentée parmi les objets remarquables de Newstead. Le poète, dans l'un de ses moments d'impulsion, a donné l'ordre dans une disposition de son testament - finalement cependant annulée - que son propre corps soit enterré aux côtés de Maître d'équipage, comme son plus véritable et unique ami. Ce noble animal fut pris de folie, et Sa Seigneurie s'en rendit si peu compte, qu'au début de l'attaque, il essuya plus d'une fois, pendant les paroxysmes, la salive redoutée de sa bouche. Après sa mort, Lord Byron écrivit à son ami M. Hodges : « Maître d'équipage est mort. Il mourut fou le 18, après avoir beaucoup souffert, gardant jusqu'au bout toute la douceur de sa nature, sans jamais chercher à faire le moindre mal à qui que ce soit près de lui. J'ai maintenant tout perdu, sauf le vieux Murray. Les visiteurs de son ancien domaine trouveront un monument marqué avec cet hommage :

PRÈS DE CET ENDROIT

SONT DÉPOSÉS LES RESTES DE

CELUI QUI POSSÉDAIT LA BEAUTÉ, SANS VANITÉ,

LA FORCE, SANS INSOLENCE,

COURAGE, SANS FÉROCITÉ,

ET TOUTES LES VERTUS DE L'HOMME, SANS SES VICES.

CET ÉLOGE, QUI SERAIT

FLATERIE INsignifiante

SI INSCRIT SUR DES CENDRES HUMAINES,

N'EST QU'UN JUST HOMMAGE

À LA MÉMOIRE DE MAIN D'ŒUVRE, UN CHIEN,

QUI EST NÉ À TERRE-NEUVE, LE MAI 1803,

ET MOURU

À L'ABBAYE DE NEWSTEAD, LE 18 NOVEMBRE 1808.

Épitaphe.

Quand un fier fils de l'homme revient sur terre

Inconnu de la gloire, mais soutenu par la naissance,

L'art du sculpteur épuise la pompe du malheur,

Et des urnes légendaires enregistrent qui repose en bas ;

Quand tout est fait, on voit sur le tombeau

Pas ce qu'il était, mais ce qu'il aurait dû être.

Mais le pauvre chien, l'ami le plus fidèle de la vie,

Le premier à accueillir, le premier à défendre.

Dont le cœur honnête appartient toujours à son maître ,

Qui travaille , combat, vit, respire pour lui seul,

non honorées , toute sa valeur inaperçue,

Nié au ciel l'âme qu'il détenait sur terre ;

Tandis que l'homme, vain insecte, espère être pardonné,

Et revendique un seul paradis exclusif.

Ô homme, faible locataire d'une heure,

Avili par l'esclavage ou corrompu par le pouvoir,

Qui te connaît bien doit te quitter avec dégoût,

Masse dégradée de poussière animée.

Ton amour est de la luxure, ton amitié n'est qu'une tromperie,

Tes sourires sont hypocrites, tes paroles sont trompeuses.

Par nature vil, ennobli mais de nom,

Chaque brute apparentée pourrait te demander de rougir de honte.

Vous qui voyez par hasard cette simple urne

Passez à autre chose, il n'honore personne que vous souhaitez pleurer ;

Pour marquer la dépouille d'un ami, ces pierres apparaissent :

Je n'en ai jamais connu qu'un, et le voici.

Les chiens de Walter Scott avaient pour lui une affection extraordinaire. Swanston déclare qu'il devait rester là, alors qu'ils sautaient et se flattaient autour de lui, pour les repousser de peur qu'ils ne le renversent. Un jour, alors que lui et Swanston étaient à l'armurerie, Maida (le chien qui repose maintenant à ses pieds dans le monument d'Edimbourg), étant dehors, avait regardé par la fenêtre, une fenêtre magnifiquement peinte, et à l'instant où elle avait reçu un du regard de son maître bien-aimé, elle le traversa et se dirigea vers lui. Lady Scott, sursautant au moment de l'accident, s'est exclamée : « Oh mon Dieu, tirez-lui dessus ! Mais Scott, la caressant avec le plus grand sang-froid, dit : « Non, non, maman, même si elle devait briser toutes les fenêtres d'Abbotsford. Il était engagé pour un dîner important le jour de la mort de son chien Camp, mais il a fait savoir qu'il ne pouvait pas y aller, « à cause de la mort d'un vieil ami cher ». Un matin, il essaya d'allumer un feu de tourbe et, après bien des efforts, il réussit dans une certaine mesure. A ce moment, un des chiens, dégoulinant d'un plongeon dans le lac, griffait et gémissait à la fenêtre. Sir Walter laissa entrer la « puir créature » qui, s'approchant du petit feu, secoua sa peau hirsute, envoyant un parfait bain de douche sur le feu et sur une grande table de manuscrits épars. L'auteur au cœur tendre , regardant la scène avec sa sérénité habituelle, dit lentement : « Ô mon Dieu, vous avez fait beaucoup de mal ! Cette sérénité n'a d' égale que l'exclamation de Sir Isaac Newton, hélas ! a prononcé une fiction : « Ô Diamant, Diamant, tu ne te rends pas compte du mal que tu as fait ! »

«Le chien le plus sage que j'ai jamais eu», a déclaré Scott, «était ce qu'on appelle le bulldog terrier. Je lui ai appris à comprendre beaucoup de mots, à tel point que je suis convaincu que la communication entre l'espèce canine et nous pourrait être considérablement élargie. Camp a mordu un jour le boulanger qui apportait du pain à la famille. Je l'ai battu et lui ai expliqué l'énormité du délit, après quoi, jusqu'au dernier moment de sa vie, il n'a jamais entendu la moindre allusion à l'histoire, de quelque voix ou ton que ce soit, sans se lever et se retirer dans le coin le plus sombre. de la pièce avec une grande apparence de détresse. Alors, si vous disiez : « Le boulanger était bien payé », ou « Le boulanger n'a pas été blessé, après tout », Camp sortait de sa cachette, cabriolait, aboyait et se réjouissait. Lorsqu'il ne pouvait, vers la fin de sa vie, me servir à cheval, il guettait mon retour, et le domestique lui disait « son maître descendait la colline » ou « à travers la lande », et , bien qu'il n'ait utilisé aucun geste pour expliquer sa signification, Camp ne s'est jamais trompé, mais il sortait soit par l'avant pour monter la colline, soit par l'arrière pour descendre au bord de la lande . Il avait certainement une connaissance singulière de la langue parlée.

Un jour, alors que le grand romancier s'asseyait pour son tableau, il s'écria : « Je suis aussi fatigué de cette opération que le vieux Maida, qui a été si souvent dessiné qu'il se levait et s'éloignait avec des signes de haine chaque fois qu'il voyait un artiste déployer son papier. et manipule ses pinceaux !

Il est bien connu qu'un chien distingue instantanément un ami d'un ennemi ; en fait, il semble connaître tous ceux qui sont amicaux envers sa race. Il y a peu de choses plus touchantes dans la vie de ce grand homme que le fait que, lorsqu'il se promenait dans les rues d'Édimbourg, presque tous les chiens qu'il rencontrait venaient le flatter, lui remuaient la queue et montraient ainsi sa reconnaissance pour l'ami de sa race.

À propos de comprendre ce qu'on leur dit, Bayard Taylor dit : « Je ne connais rien de plus émouvant, voire semi-tragique, que l'impuissance ardente face à un chien qui comprend ce qu'on lui dit et ne peut pas répondre. »

Walter Savage Landor, irascible, vaniteux, tempétueux, avait une profonde affection pour les chiens, ainsi que pour toutes les autres créatures stupides, c'était intéressant. « De toutes les rimes de Louis Quatorze , je ne tolère que La Fontaine, car je ne vois jamais d'animal, si ce n'est un perroquet, un singe, ou un carlin, ou un serpent, avec lequel je ne converse ni ouvertement ni secrètement. »

L'histoire du noble martyr Gellert , qui a risqué sa propre vie pour l'enfant de son maître, pour ensuite être soupçonné et tué par la main qu'il aimait tant, est peut-être trop familière pour être répétée, et pourtant je ne peux résister à la version de Spenser :

Le chasseur manquait à son fidèle chien ; il n'a pas répondu au klaxon ni aux cris. Mais finalement, alors que Llewelyn « rentrait chez lui », le chien bondit pour le saluer, maculé de sang. En entrant dans la maison, il a trouvé le canapé de son enfant également taché de sang, et l'enfant était introuvable. Croyant que Gellert avait dévoré le garçon, il lui plongea son épée dans le flanc, mais découvrit bientôt le chérubin vivant et rose, tandis que sous le canapé, décharné et formidable, un loup déchiré et tué :

Ah, quel était alors le malheur de Llewelyn !

Le meilleur de ton espèce, adieu.

Le coup frénétique qui t'a abattu

Ce cœur regrettera toujours.

Et maintenant ils élèvent un vaillant tombeau,

Avec des sculptures coûteuses ornées ;

Et des billes racontées avec ses louanges

du pauvre Gellert protègent.

Le lancier n'a jamais pu passer

Ou forestier impassible ;

Il y a souvent de l'herbe saupoudrée de larmes

Le chagrin de Llewelyn se prouvait.

Et là il accrocha sa corne et sa lance,

Et là, à la tombée du soir,

Dans l'oreille de fantaisie, il entendait souvent

Le pauvre Gellert est sur le point de mourir.

Et jusqu'à ce que les rochers du grand Snowdon vieillissent,

Et cesse la tempête pour braver,

L'endroit consacré tiendra

Le nom de « Tombe de Gellert ».

L'exquis poème en prose du Dr John Brown sur Rab et ses amis est un mémorial aussi durable pour ce chien que n'importe quel autre construit en granit ou en marbre. Le chien est sans conteste le personnage central, le héros de l'histoire. L'auteur s'est assis pour prendre sa photo avec Rab à ses côtés, et on nous dit que son intérêt pour un animal de compagnie âgé et à moitié aveugle s'est manifesté dans les toutes dernières heures de sa vie. Le chien est devenu la véritable attraction de plusieurs romans et Ouida laisse Puck raconter sa propre histoire. Mme Stowe a consacré un volume aux Histoires sur nos chiens et a également écrit A Dog's Mission. Matthew Arnold a eu de nombreux animaux de compagnie et non seulement les a aimés dans la vie, mais leur a donné l'immortalité par ses hommages reconnaissants aux chiens, aux chats et aux canaris. Voici deux requiems de chiens :

LA TOMBE DU GEIST.

Quatre ans, et es-tu resté au-dessus

Le sol, qui te cache maintenant, mais quatre ?

Et toute cette vie, et tout cet amour,

Étaient bondés Geist, dans rien de plus.

Ce cœur aimant, cette âme patiente,

S'ils n'avaient effectivement plus duré

Pour suivre leur parcours et atteindre leur objectif,

Et lire leur homélie à l'homme ?

KAISER MORT. 6 avril 1887.

La queue du bracelet de Kai, les pieds occupés de Kai,

Étaient connus de toute la rue du village.

"Quoi, pauvre Kai mort ?" dis tout ce que je rencontre;

"Une perte en effet."

Oh pour le chant, pathétique, doux,

Du roseau de Robin !

Il y a six ans, je l'ai fait tomber,

Un bébé chien, de la ville de Londres ;

Autour de sa petite gorge noire et brune

Un ruban bleu,

Et touché par une renommée glorieuse

Un vrai teckel.

Sa mère la dame la plus majestueuse,

De sang pur, venu de Potsdam,

Et la race de Kaiser, nous la considérions comme la même...

Aucune lignée supérieure.

C'est pourquoi il portait le nom impérial ;

Mais ah, son père !

Bientôt, bientôt la conviction du jour apportera :

Les cheveux du colley, la balançoire du colley,

L'anneau indomptable de la queue,

L'inquiétude de l'œil—

Le cas était clair ; un truc de bâtard

Kai se tenait en conférence .

Mais toutes ces vertus qui louent

Les plus humbles qui servent et s'occupent,

Étais-tu en magasin, toi fidèle ami.

Quel sens, quelle joie,

À nous qui déclinons vers notre fin,

Un compagnon, comme c'est cher !

Ton œil était brillant, ton manteau brillait ;

Tu faisais tes courses de temps en temps ;

Dans la joie, ton dernier matin s'est envolé ; anon

Un ajustement. Tout est fini ;

Et tu es parti là où le Geist est allé,

Et Toss et Rover.

Eh bien, va chercher son collier gravé,

Et frotter l'acier et le faire briller,

Et laisse-le autour de ton cou pour l'enrouler,

Kai, dans ta tombe.

Là de ton maître garde ce signe

Et cette simple portée.

Miss Cobbe est une amie dévouée et franche de tous les animaux. Elle déclare : « J'ai en effet toujours ressenti beaucoup d'affection pour les chiens, c'est-à-dire pour ceux qui présentent le véritable caractère canin, ce qui est loin d'être le cas de toutes les créatures canines. Leur sagesse , leur gaieté, leurs petites ruses transparentes, leur affection caressante et dévouée me sont plus séduisantes, et même, je puis dire, plus réellement et intensément *humaines* (au sens où un enfant est humain) que l'artificiel, des personnages froids et égoïstes que l'on rencontre trop souvent sous les traits de dames et de messieurs.

Elle avait un chien blanc et pelucheux qu'elle aimait beaucoup et a écrit plusieurs chapitres sur les chiens, la gentillesse envers les animaux, les horreurs de la vivisection, etc. Lisez False Hearts et True, The Confessions of a Lost Dog et Science in Excelsis , et vous réaliserez à quel point elle apprécie les droits et les nobles traits de la création brute, et à quel point son grand cœur s'est porté sur ses animaux de compagnie. Elle termine un article, Dogs who I have Met, avec ces mots : « Une chose, à mon avis, doit être claire : jusqu'à ce qu'un homme ait appris à ressentir de la compassion pour toutes ses semblables, qu'elles soient humaines ou brutes, de classe, de sexe et de pays, ou d'un autre, il n'a pas encore gravi le premier pas vers la vraie civilisation, ni appliqué la première leçon de l'amour de Dieu.

Edward Jesse, dans son livre, désormais rare et difficile à obtenir, sur les chiens, dit : « Les histoires sont plus pleines d'échantillons de fidélité des chiens que d'amis. » Un écrivain français déclare qu'à l'exception des femmes, il n'y a rien sur terre de plus agréable et de plus nécessaire au bien-être de l'homme que le chien. Pensez au berger, à son troupeau rassemblé par son chien infatigable, qui les garde la nuit ainsi que la chaumière de son maître ; satisfait d'une légère caresse et de la nourriture la plus grossière. Le chien fait le service d'un cheval dans les régions plus septentrionales, tandis qu'à Cuba et dans d'autres pays chauds, il est la terreur des nègres en fuite . Dans la destruction des bêtes sauvages ou du cerf, le moins dangereux, ou dans l'attaque du taureau, le chien a fait preuve d'un courage permanent. Il défend son maître, sauve de la noyade, avertit du danger, sert fidèlement dans la pauvreté et la détresse, conduit les aveugles. Lorsqu'on lui parle, fait de son mieux pour tenir la conversation par la queue, les yeux, les oreilles ; conduit le bétail vers et depuis les pâturages, garde les troupeaux dans les limites, montre le gibier, amène les oiseaux abattus, tourne la broche, tire les charrettes à provisions et les traîneaux, aime ou déteste la musique, détectant instantanément les fausses notes ; annonce les étrangers, sonne un avertissement en cas de danger, est le dernier à abandonner la tombe d'un ami, sympathise et se réjouit de chaque humeur de son maître. Le colley est le seul chien qui a une réputation de piété, son goût pour aller à Kirk et son bon comportement y étant bien connus. Chaque fois que Stanislas, l'infortuné roi de Pologne, écrivait à sa fille, il concluait toujours par : « Tristram , mon compagnon d'infortune, te lèche les pieds ». Ce seul ami est resté dans son adversité. Nous observons des tendances héréditaires chez les chiens comme chez les enfants – ce que Paley appelle « une propension antérieure à l'expérience et indépendante de l'instruction » – comme les chiots Saint-Bernard qui grattent avidement la neige et les jeunes braques qui se tiennent fermement à la première vue d'une volaille ; un chiot terrier bien élevé fera preuve de férocité. Les anecdotes de réalisations de chiens de compagnie sont merveilleuses . Leibnitz a raconté à l'Académie française le récit d'un chien qu'il avait vu et qui avait appris à parler, qui appelait de manière intelligible du thé, du café, du chocolat et qui faisait des collections de pierres blanches et brillantes.

Nous entendons parler de chiens qui savent quand vient dimanche ; qui surveillent la charrette du boucher seulement à l'heure indiquée pour son apparition ; qui mendiera un sou pour acheter une tarte ou un petit pain, puis ira chez le boulanger et achètera ; qui font preuve de prévoyance et de prévoyance, enterrant les os pour des besoins futurs. Certains semblent avoir un certain sens moral, honteux de voler, se vengeant parfois, réprimandant les chiots pour avoir volé de la viande ; d'autres sont aussi dépravés que des êtres humains, enlevant leur collier et dégrafant celui d'un autre chien pour partir en maraude, puis revenant, remettant leur tête dans le collier. [1]

1 . Darwin a déclaré : « Depuis la publication de La Descente de l'Homme, je dois croire un peu plus que je ne le croyais aux chiens ayant ce qu'on peut appeler une *conscience* . »

Les chiens de Landseer posaient pour lui avec plus de patience que beaucoup d'autres gardiens. Quelqu'un a dit de lui qu'il avait « découvert le chien ». Il leur était si dévoué que lorsqu'on demanda au plus spirituel des religieux et au plus divin des esprits (bien sûr, je veux dire Sydney Smith) de s'asseoir à côté de lui, il répondit : « ' Ton serviteur est-il un chien pour qu'il fasse cette chose ?' » L'artiste a parlé d'un Terre-Neuvien qui avait sauvé de nombreuses personnes de la noyade en le qualifiant de « membre distingué de la Humane Society ». Hamerton , dans ses charmants chapitres sur les animaux, nous raconte des histoires, presque trop merveilleuses pour qu'on puisse y croire, de quelques caniches français venus lui rendre visite. Ces invités canins jouaient aux dominos, boudaient lorsqu'ils devaient tirer à la banque, se retiraient mortifiés lorsqu'ils étaient battus ; Ils jouaient également aux cartes, étaient habiles à orthographier plusieurs langues et étaient rapides en arithmétique.

Chaque race a ses propres défenseurs et adhérents. Olive Thorne Miller écrit habituellement sur des oiseaux ou d'étranges animaux de compagnie ; mais dans Home Pets, nous trouvons une histoire très intéressante sur un colley, qu'elle donne, pour illustrer les caractéristiques de cette famille :

« Il y a près de cent cinquante ans, aux débuts de notre nation et pendant la guerre française et indienne, ce colley était un animal de compagnie formidable dans la famille d'un soldat colonial, et était particulièrement connu pour son antipathie envers les Indiens, qu'il ravi de suivre. Lors d'une campagne contre les Français, le chien a insisté pour accompagner son maître, même si ses pieds étaient dans un état terrible, ayant été gelés. Pendant le combat, qui se termina par la défaite du célèbre Braddock, le colley était aux côtés de son maître, mais une fois terminé, ils s'étaient séparés et le soldat, concluant que son animal avait été tué, rentra chez lui sans lui. Quelques semaines plus tard, cependant, le chien est apparu dans son ancienne maison, séparée du champ de bataille par de nombreux kilomètres et d'épaisses forêts. Il était fatigué et épuisé, mais sur ses pieds étaient attachés de jolis mocassins, montrant qu'il avait été parmi les Indiens qui avaient été gentils avec lui. De plus, il montra bientôt qu'il avait changé d'avis à l'égard de son ancien ennemi, car ni les pots-de-vin ni les menaces ne pourraient jamais l'inciter à traquer un Indien. Sa nature généreuse ne pouvait oublier une bonté, même pour plaire à ceux qu'il aimait assez pour les rechercher dans de si grandes difficultés.

Cela me rappelle plusieurs histoires de chiens.

La lettre intéressante suivante est publiée dans le London Spectator :

« Ayant l'habitude de sortir avant le petit-déjeuner avec deux Skye terriers, j'avais l'habitude de leur laver les pieds dans une baignoire, réservée à cet effet dans le jardin, chaque fois que le temps était humide. Un matin, alors que je reprenais le chien pour le porter à la baignoire, il me mordit si fort que je fus obligé de le laisser partir. A peine le chien fut-il en liberté qu'il courut à la cuisine et se cacha. Pendant trois jours, il refusa de manger, refusa de sortir avec les membres de sa famille et parut très abattu, avec une expression de détresse et inhabituelle.

"Le troisième matin, cependant, en revenant avec l'autre chien, je l'ai trouvé assis près de la baignoire, et en venant vers lui, il a immédiatement sauté dedans et s'est assis dans l'eau. Après avoir fait semblant de se laver les jambes, il sauta dehors le plus heureux possible et retrouva à partir de ce moment son moral habituel.

« Il semble qu'il y ait eu dans ce cas un processus de raisonnement clair, accompagné d'un sentiment aigu, qui s'est déroulé dans l'esprit du chien à partir du moment où il m'a mordu jusqu'à ce qu'il ait trouvé un plan pour montrer ses regrets et réparer sa faute. Il lui vint évidemment à l'esprit que j'attachais une grande importance à ce bain de pieds, et s'il pouvait me convaincre que sa contrition était sincère et qu'il était prêt à se soumettre au processus sans murmurer, j'en serais satisfait. Le chien, dans ce cas, a raisonné avec une parfaite exactitude et a déduit de ses propres prémisses une conclusion légitime que le résultat justifiait.

J'aime lire l'histoire du chien qui a attendu son permis auprès du greffier municipal d'Amesbury. « Le propriétaire du chien en question est George Morrill, le roux, et George Morrill , le roux , ne ment jamais (presque jamais), et de lui nous apprenons les faits suivants : Il semble que M. Morrill, qui était occupé à ce moment-là, , et souhaitait que son animal de compagnie soit dûment agréé, a écrit sur un bout de papier ce qui suit : « M. Collins, s'il te plaît, donne-moi mon permis. Charlie. Inclus ceci, avec deux dollars, dans une enveloppe, il l'a donné au chien, lui disant d'aller chez M. Collins et d'obtenir son permis. En arrivant au bureau du greffier de la ville, il trouva M. Collins occupé et, étant un chien bien élevé, il attendit que le monsieur soit en liberté pour faire connaître sa présence. M. Collins, observant l'enveloppe dans sa bouche, la prit, et immédiatement le chien prit une posture assise, restant ainsi jusqu'à ce que l'officier établisse le permis approprié, et, l'enfermant dans une enveloppe, le remit à son chien , qui immédiatement Il se releva de toute sa longueur, fit un arc de tête et, redescendant à sa position naturelle, remua la queue de manière satisfaisante et partit pour la maison. Le chien est bien connu dans la rue pour sa sagacité et son intelligence, mais cela a plutôt mis un terme à toutes ses performances précédentes.

L'une des meilleures histoires sur l'intelligence des chiens qui ait été racontée depuis un certain temps a été répétée il y a quelques jours par un officier de la Pennsylvania Railroad Company. Il a dit que l'un des hommes du service des passagers avait un chien capable de lire l'heure de la journée. Le propriétaire du chien possédait une belle horloge dans son bureau, et il avait pris l'habitude de faire taper au chien avec sa patte à chaque coup d'horloge. Au bout d'un moment, le chien le faisait sans qu'on le lui dise, et comme l'horloge faisait un petit gloussement juste avant de sonner, le chien se mettait en position, dressait les oreilles et tapait l'heure. Si l'horloge avait sonné une heure et, peu de temps après, son propriétaire imitait le gloussement préliminaire de l'horloge, le chien donnerait deux coups de patte, et ainsi de suite pendant n'importe quelle heure. Il savait exactement comment les heures se déroulaient et combien de tapotements donner pour chacune.

Nous devons bien sûr croire l'histoire d'un chien d'un ecclésiastique, le révérend CJ Adams, dans The Dog Fancier :

« Pas « Tige », dont j'ai raconté de nombreuses histoires dans ce département. Tiger est un autre chien, et c'est un brave garçon. Ses cheveux sont courts et il est noir comme la nuit. Je ne l'ai rencontré qu'une seule fois, et c'était chez un clerc dans la maison de son maître, le révérend Peter Claude Creveling , à Cornwall, New York. Il mesure probablement quatre pieds et demi de long quant à son corps. Il est presque aussi haut qu'une table ordinaire. Il a une belle tête et des cavités cérébrales merveilleusement grandes. Ses yeux sont extrêmement intelligents et expressifs. Son maître l'aime d'un grand amour bruyant, caractéristique de l'homme qui sera un garçon grand, séduisant et aimable à quatre-vingts ans. Je le salue et j'espère qu'il pourra demeurer dans la chair jusqu'à l'âge de cent quatre-vingts ans. Mais j'ai pris la plume pour écrire sur le chien, pas sur le maître. Le chien et le maître s'accouplent bien. Tiger est le chien du maître et M. Creveling est le maître du chien. Nous ne nous rencontrons presque jamais, mais avant d'avoir fini de nous serrer la main, M. Creveling commence à me parler de Tiger. Cela s'est produit, comme d'habitude, dans un hôtel où je recevais le clergé il y a environ un mois. L'histoire était merveilleuse et est attestée par des témoins fiables.

« Tiger occupe la même chambre que M. et Mme Creveling la nuit. Un drap est étendu pour lui sur le sol à côté du lit. Ils pensent à lui autant qu'à un enfant. Lorsqu'il est agité pendant la nuit, M. Creveling tend la main et lui tapote la tête, lui parlant de manière apaisante. Pendant la journée, le drap sur lequel Tigre dort « o » nuits » est conservé sous un lavabo. A tel point que ce qui suit peut être compris. Or, un certain dimanche, M. et Mme Creveling , la jeune femme et tous les autres membres de la maison étaient absents, à l'exception de Tiger. Il est resté enfermé dans la maison. Lorsqu'ils revinrent et que Mme Creveling se rendit dans sa chambre, elle découvrit que Tiger avait passé une bonne partie de son incarcération dans cette pièce et sur le lit. Le lit était dans un état très délabré et pas très propre – l'état dans lequel l'occupation d'un tel chien le laisserait naturellement – un état que toute ménagère soigneuse peut facilement imaginer – et qu'elle ne peut imaginer sans un frisson. Mme Creveling a crié. M. Creveling accourut. Après lui vint Tiger. M. Creveling a dit : « Tigre, Tigre, voyez ce que vous avez fait ! Vous avez ruiné le lit de votre demoiselle . Tigre, Tigre, j'ai envie de pleurer !' La tête et la queue du Tigre tombèrent toutes deux. Sans dire un mot de plus, M. Creveling descendit les escaliers et entra dans son bureau, se jeta sur un grand canapé, se couvrit le visage et fit semblant de pleurer. Tigre, qui l'avait suivi, se jeta sur un tapis à côté du canapé et pleura aussi. M. Creveling avait confiance en l'intelligence du chien. Il pensait avoir appris une leçon.

« Au bout de quelques jours, toute la famille était de nouveau partie. Encore une fois, Tiger fut laissé seul dans la maison. Lorsque la famille revint, Mme Creveling retourna dans sa chambre. Tiger était encore là en son absence. Il était de nouveau sur le lit. Mais le drap de Tigre, celui sur lequel il dormait la nuit, était là aussi. Et le drap était étalé, recouvrant le lit. Et il n'y avait personne pour étendre le drap à Tiger. Il l'avait étalé pour lui-même. N'y a-t-il pas là une démonstration d'intelligence, d'intelligence dans l'activité dans l'emploi, de raison ? Qu'avait fait Tigre ? Il avait mis son nez sous le lavabo et en avait retiré le drap. Il avait posé le drap sur le lit. Il avait étalé le drap sur le lit. Quelle avait été la pensée de Tiger ? Ceci, ou quelque chose de très similaire : « Je veux m'allonger sur ce lit parce qu'il me rappelle mon maître et ma maîtresse absents. Mais je n'ose pas le faire. Je serai offensé si je le fais. Je serai puni. Pourquoi je ne veux pas m'allonger sur le lit ? Parce que je le salis. Que dois-je faire ? Voilà le drap, mon drap. Ils s'en fichent si je mens là-dessus. Je vais étendre le drap sur le lit. Quelle belle tête j'ai ! Le lecteur comprend, bien sûr, que je ne prétends pas que Tiger maîtrise suffisamment la langue anglaise pour même s'exprimer subjectivement comme je l'ai représenté. J'ai seulement essayé de faire comprendre le plus clairement possible au lecteur le fait qu'un train de pensées a dû traverser l'esprit du chien. Et une suite de pensées ne pourrait pas traverser son esprit s'il n'avait pas d'esprit. Avoir un esprit, et alors ? Il pense. Il raisonne. Quoi d'autre? Si mon esprit est immortel, pourquoi pas celui de Tiger ? Et rappelez-vous que je peux prouver la véracité de chaque détail de cette histoire par trois témoins : M. Creveling , sa femme et l'amie de sa femme. Aucun tribunal ne demanderait plus.

Jules Janin a fait de lui un homme de lettres. Sa promenade préférée était au jardin du Luxembourg, où il était ravi de voir son chien gambader. Le chien fit la connaissance d'un autre chien et ils s'attachèrent tellement l'un à l'autre que leurs maîtres se rapprochèrent et devinrent amis. Le nouvel ami le pressa d'améliorer sa fortune en écrivant pour les journaux et le présenta à La

Lorgnette, d'où il se releva constamment. En 1828, il fut nommé critique dramatique du Journal des États et sa popularité y dura vingt ans.

Londres possède un foyer pour chiens perdus et affamés, au profit duquel un concert a été récemment donné. Si Richard Wagner avait été vivant, il aurait sans doute acheté un coffret pour cette occasion. L'une des plus grandes tristesses de sa vie a été la perte temporaire de son chien Terre-Neuve à Londres.

Voici une histoire pittoresque qui montre le doux Elia d'une manière très caractéristique : « Juste avant que les Lambs ne quittent la métropole », dit Pitman, « ils sont venus passer une journée avec moi à Fulham et ont amené avec eux un compagnon qui, muet Tout animal qu'il fût, il avait depuis quelque temps l'habitude de mettre en valeur l'un des traits les plus aimables de Charles Lamb : celui de sacrifier ses propres sentiments et inclinations à ceux des autres. C'était un grand et très beau chien, d'une race plutôt curieuse et sagace, qui avait appartenu à Thomas Hood, et à l'époque dont je parle, et pour obliger à la fois le chien et le maître, avait été transféré aux Lambs, qui firent un son grand animal de compagnie, au grand bouleversement et à la déconfiture, à ce qu'il semblait, de toutes les habitudes de vie de Lamb, mais surtout de ce qui était le plus préféré et le plus salutaire de tous : ses longues et jusqu'ici solitaires promenades en banlieue ; car Dash – c'était le nom du chien – ne permettrait jamais à Lamb de quitter la maison sans lui, et une fois sorti, il n'irait jamais ailleurs que précisément là où bon lui semblerait. La conséquence en fut que Lamb se rendit parfaitement esclave de ce chien, qui se tenait toujours à un demi-mille de son compagnon, soit devant, soit derrière, parcourant les champs ou les routes dans toutes les directions, de haut en bas de « toutes sortes de rues ». et maintenir son serviteur dans une fièvre parfaite d'anxiété et d'irritation à cause de sa peur de le perdre d'une part et de sa réticence à lui imposer la contrainte nécessaire de l'autre. Dash connaissait parfaitement la faiblesse aimable de son hôte à cet égard et en profita comme un chien. Dans Regent's Park, en particulier, Dash avait son *quasi* -maître complètement à sa merci, car dès qu'ils entraient dans le ring, il se faufilait à travers la balustrade et disparaissait ensemble pendant une demi-heure dans la pelouse alors fermée et densément plantée. , sachant parfaitement que Lamb n'osait pas bouger de l'endroit où il (Dash) avait disparu, jusqu'à ce qu'il juge à propos de se montrer à nouveau. Et ils faisaient cette promenade plus souvent que n'importe quelle autre, précisément parce que Dash l'aimait, et Lamb non.

Beecher a déclaré que "au cours de l'évolution, le chien se levait avant que la porte ne soit fermée". S'il n'y avait pas de raison, de gaieté, d'amour, d'honneur et de fidélité chez un chien, il ne saurait pas où les chercher. Et Huxley a consacré beaucoup d'attention à l'étude des capacités canines. Il montra un jour, en élevant le squelette de l'animal sur ses pattes postérieures, que dans la construction interne, la seule différence entre l'homme et le chien était une question de taille et de proportion. Il n'y avait pas un os dans l'un qui n'existait pas dans l'autre, pas un seul constituant dans l'un qui ne se trouvât dans l'autre, et par le même procédé il pouvait prouver que le chien avait un esprit. Son propre chien n'était certainement pas une simple machinerie animée. Il possédait autrefois un chien qu'il laissait fréquemment parmi les milliers de personnes fréquentant Regent's Park pour se cacher derrière un arbre. Dès que l'animal s'aperçut qu'il avait perdu son maître, il posa le nez au sol et le suivit bientôt jusqu'à sa cachette. Il pensait qu'il n'existait aucune faculté fondamentale liée aux capacités de raisonnement dont l'existence ne pourrait pas être démontrée chez les chiens. Il ne croyait pas que les chiens prennent jamais plaisir à la musique ; mais cela ne semble pas toujours être le cas. Adelaide Phillips, la célèbre contralto, m'a dit que son splendide César de Terre-Neuve était un véritable musicien. Elle lui donnait régulièrement des cours de chant. « Je le vois maintenant, dit-elle, ses pattes avant posées sur mon genou. Je dirais : « Maintenant, la leçon commence. Regardez-moi, monsieur. Fais comme moi.' Ensuite, je parcourais la gamme par tierces, et César , la tête renversée et se balançant d'un côté à l'autre, chantait réellement la gamme. Il chantait très correctement l'air de The Brook. Mais c'était le meilleur sport de le voir tenter l'opéra. Ici, ses gestes devenaient voyants et impressionnants, comme sur scène, et ses imitations des efforts du chien pour la suivre étaient extrêmement comiques. Parfois (il comprenait si vite tous les trucs du métier) il ne chantait pas jusqu'à ce qu'on le lui demande encore et encore. Parfois, il était « hors de voix » et émettait des sons très discordants. Il a une tombe honorée dans sa maison de campagne à Marshfield, où Webster a également posé une pierre à la mémoire de son cheval Greatheart .

Charlotte Cushman aimait les animaux, en particulier les chiens et les chevaux ; et son Skye terrier Bushie bleu, avec ses yeux humains et son intelligence hors du commun, a une place permanente dans les mémoires de sa maîtresse. Miss Cushman disait : « Joue du piano, Bushie », et Bush savait parfaitement ce que cela voulait dire et parcourait la performance en ajoutant quelques aboiements récitatifs avec beaucoup de gravité et *d'éclat* . L'expression « yeux humains » rappelle ce que Blackmore, le romancier – qui a une appréciation sincère et affectueuse de nos chers animaux muets – dit d'un chien dans Christowell : « Aucune dame dans le pays n'a des yeux plus lucides, plus aimants, plus éloquents et même plus éloquents. si elle l'avait fait, ils ne seraient rien sans les taches de bronzage qui les recouvraient.

Patti a de nombreux animaux de compagnie et emmène toujours un chien avec elle lors de ses voyages, ce qui provoque une grande agitation dans les hôtels. Elle en laisse également beaucoup derrière elle par nécessité. Elle possède une volière dans son château au Pays de Galles et possède plusieurs perroquets des plus bavards.

L'éloge funèbre de Miss Mitford à l'égard d'un de ses nombreux chiens est trop extravagant pour être cité en détail : « Un tel chien n'a jamais existé. Son caractère était, sans comparaison, le plus doux jamais connu. Personne ne l'a jamais vu de mauvaise humeur , et sa sagacité était à la hauteur de son caractère... Il me manquera à chaque instant de ma vie. Nous avons couvert son cadavre de fleurs ; chaque fleur du jardin. Tout le monde l'aimait, cher saint, comme je l'appelais et comme je ne doute pas qu'il l'ait maintenant. Que le Ciel le bénisse, ange bien-aimé !

M. Fields écrit : « Miss Mitford m'écrivait de longues lettres au sujet de Fanchon , un chien dont j'avais fait la connaissance personnelle quelque temps auparavant lors d'une visite à son chalet. Elle attribuait toutes les vertus sous le ciel à cet individu canin, et j'étais obligé de reconnaître dans mes lettres de retour que, depuis que notre planète commençait à tourner, rien de comparable à Fanchon n'avait jamais couru sur quatre pattes.

Mme Browning aimait les animaux de compagnie, en particulier son chien Flush, présenté par Miss Mitford, qu'elle a immortalisé dans un sonnet et un long et exquis poème :

FLUSH OU FAUNUS.

Vous voyez ce chien. C'était hier

Pensai-je, oubliant sa présence ici ;

Jusqu'à ce que pensée après pensée entraîne vers le bas larme sur larme ;

Quand de l'oreiller, où j'étais allongé les joues mouillées,

Une tête aussi poilue que celle de Faunus se frayait un chemin

Tout à coup contre mon visage, deux dorés, clairs,

De grands yeux étonnèrent les miens ; une oreille tombante

Je m'ai frappé sur chaque joue pour sécher le spray.

J'ai commencé en premier; comme certains Arcadiens

Étonné par le dieu bouc dans le bosquet crépusculaire ;

Mais alors que la vision barbue se rapprochait

Mes larmes ont coulé, j'ai connu Flush et je me suis élevé au-dessus

Surprise et tristesse ; remercier le vrai Pan

Qui, par des créatures basses, mène aux sommets de l'amour.

Le poème est tout aussi beau :

À FLUSH, MON CHIEN.

D'autres chiens peuvent être tes pairs

Peut-être dans ces oreilles tombantes

Et cette équité brillante.

Mais de *toi* on dira :

Ce chien regardait à côté d'un lit

Infatigable de jour comme de nuit ;

Regardé dans une pièce fermée par des rideaux,

Où aucun rayon de soleil ne brise l'obscurité

Autour des malades et des fatigués.

Roses rassemblées pour un vase

Dans cette chambre est mort à un rythme rapide,

Faisceau et brise démissionnant ;

Ce chien n'a fait qu'attendre,

Sachant que quand la lumière disparaît

L'amour reste pour briller.

Autres chiens dans la rosée du thym

J'ai suivi les lièvres et suivi

Lande ou prairie ensoleillée ;

Ce chien n'a fait que ramper et ramper

Ensuite une joue languissante qui dormait,

Partager dans l'ombre.

Autres chiens de bonne humeur

Bondé au coup de sifflet clair,

Au bord de la forêt en route ;

Ce chien ne regardait qu'à portée de main

D'un discours faiblement prononcé,

Ou un soupir plus fort.

Et si une ou deux larmes rapides

Tombé sur ses oreilles luisantes,

Ou un soupir est venu doubler,

Il se leva en toute hâte,

Caresser, caresser, respirer vite

Dans un tendre ennui.

Et ce chien était satisfait

Si une main pâle et mince glissait

Sur ses fanons en pente,

lequel il a mis son nez ,

Après avoir relevé son menton

Sur la paume laissée ouverte.

Ce chien, si une voix amicale

Appelle-le maintenant pour faire un choix

Qu'une telle garde de chambre,

"Sortez", en priant depuis la porte,

Presse en arrière comme avant,

Contre moi en sautant.

je m'adresserai à ce chien ,

Avec tendresse et non avec mépris,

Rendre des louanges et des faveurs ;

Avec ma main sur sa tête,

Ma bénédiction est- elle dite,

Par conséquent et pour toujours.

Mme Browning a déclaré dans une note accompagnant ce poème : « Ce chien était le cadeau de ma chère et admirée amie, Miss Mitford, et appartient à la belle race qu'elle a rendue célèbre parmi les lecteurs anglais et américains. »

Hogg, le berger d'Ettrick, adressa un long poème à son chien, se terminant ainsi :

Quand ma dernière bannique est sur le foyer,

De cela tu ne peux pas vouloir ta part ;

Pendant que j'ai une maison ou que je traîne sur terre,

Mon Hector y trouvera refuge.

Un autre favori a été honoré par le Dr Holland, essayiste, conférencier, rédacteur en chef de magazine et poète :

À MON CHIEN BLANCO.

Mon cher et stupide ami, couché là bas,

Un vassal consentant à mes pieds,

Heureux partenaire de ma maison et de mon tarif,

Mon ombre dans la rue.

Je regarde dans tes grands yeux bruns,

Où brillent l'amour et le fidèle hommage,

Et je me demande où est la différence

Entre ton âme et la mienne !

Pour tout le bien que j'ai trouvé

En moi-même ou en l'espèce humaine,

A royalement informé et couronné

Votre cœur et votre esprit doux.

Je scrute toute la terre autour

Pour ce cœur unique qui, vrai et vrai,

Porte une amitié sans fin ni liée,

Et trouvez le prix en vous.

Je te fais confiance comme je fais confiance aux étoiles ;

Ni perte cruelle, ni moquerie de l'orgueil,

Ni mendicité, ni barreaux de cachots,

Je peux vous déplacer de mon côté !

En tant que patient blessé

Comme n'importe quel saint chrétien d'autrefois,

Aussi doux qu'un agneau avec moi,

Mais avec vos frères audacieux ;

Plus joueur qu'un garçon gambadant,

Plus vigilant qu'une sentinelle,

De jour comme de nuit, ta joie constante

Pour me garder et bien me plaire.

Je serre ta tête sur ma poitrine...

Pendant que tu gémis et que tu me lèches la main—

Et ainsi notre amitié est avouée,

Et ainsi nous comprenons !

Ah, Blanco ! est-ce que j'ai adoré Dieu

Aussi sincèrement que tu m'adores,

Ou suivez où mon Maître a marché

Avec votre humilité—

Est-ce que je me suis assis tendrement à ses pieds,

Pendant que toi, cher Blanco, assieds-toi près du mien,

Et regarde-le avec un amour aussi doux,

Ma vie deviendrait divine !

Maria Edgeworth a écrit à sa tante, Mme Ruxton , en 1819 : « Je vois mon petit chien sur vos genoux, je sens votre main lui caresser la tête et j'entends votre voix lui dire que c'est pour l'amour de Maria qu'il est là.

Quelle amitié pathétique existait entre Emily Brontë et le chien dont elle était sûre qu'il pourrait comprendre chaque mot qu'elle lui disait ! « Elle a toujours nourri les animaux elle-même ; le vieux chat ; Flossy, son épagneul préféré ; Keeper, le féroce bouledogue, son propre compagnon constant, dont le portrait, dessiné par sa propre main pleine d'entrain, existe toujours. Et les créatures de la lande étaient toutes, dans un sens, ses animaux de compagnie et elles lui étaient familières. La dévotion intense de cette femme silencieuse envers toutes sortes de créatures muettes a quelque chose de presque inexplicable. Alors que son vieux père et ses sœurs la suivaient jusqu'à la tombe, ils furent rejoints par une autre personne en deuil, Keeper, le chien d'Emily. Il marchait devant tous, le premier au rang des personnes en deuil, et peut-être aucune autre créature n'avait autant aimé la morte. Lorsqu'ils l'eurent endormie dans le caveau sombre et sans air sous l'église, et lorsqu'ils eurent traversé le cimetière lugubre et pénétrèrent de nouveau dans la maison vide, Keeper se dirigea droit vers la porte de la chambre où dormait sa maîtresse, et posés sur le seuil. Là, il hurla pitoyablement pendant plusieurs jours, ne sachant pas qu'aucune lamentation ne pourrait plus la réveiller .

Les anciens Gaëls supposaient que les chiens étaient informés de la mort d'un ami, quelle que soit la distance qui les séparait. Mais cela devient trop sombre. Savez-vous d'où vient le proverbe « aussi froid que le nez d'un chien » ? Un vieux vers nous dit :

Il y eut une fuite dans l'arche de Noé,

Ce qui fit aboyer le chien ;

Noah s'est pris le nez pour boucher le trou,

C'est pourquoi son nez est toujours froid.

Personne n'a exprimé plus d'appréciation pour les nobles qualités des chiens que Wordsworth, abstrait et philosophique.

INCIDENT

Caractéristique d'un chien préféré .

Lors de sa tournée matinale, le maître

Il va apprendre comment tout se passe ;

Il fouille pâturage après pâturage,

Oeiller les moutons et les bovins avec soin ;

Et, pour le silence ou pour parler,

Il a des camarades dans sa marche ;

Quatre chiens, chaque couple de race différente,

Distingué deux pour le parfum et deux pour la vitesse.

Voir un lièvre avant qu'il ne commence !

Ils s'enfuient dans une poursuite sérieuse ;

Chaque chien a un cœur impatient,

Tous les quatre sont en course :

Et le lièvre qu'ils poursuivent,

A un instinct quoi faire ;

Son espoir est proche : elle ne fait aucun virage ;

Mais, comme une flèche, elle se dirige vers la rivière.

La rivière était profonde et recouverte d'une croûte

Finement par le gel d'une nuit ;

Mais le lièvre agile a fait confiance

À la glace, et crost en toute sécurité ;

Elle a traversé, et sans y prêter attention

Tous suivent à toute vitesse,

Quand, eh bien ! la glace, si finement étalée,

Pauses—et le lévrier, Dart, est au-dessus de la tête !

Un meilleur sort pour Prince et Swallow...

Voyez-les s'attacher au sport !

La musique n'a pas de cœur à suivre,

Petite Musique, elle s'arrête net.

Elle n'a ni souhait ni cœur,

Elle a désormais une autre partie :

Une créature aimante et courageuse !

Et s'efforce tendrement de sauver son amie en difficulté.

Du bord, elle tend ses pattes,

Très mains comme on dirait !

Et des gémissements affligeants qu'elle va chercher,

Alors qu'il brise la glace.

Pour elle-même, elle n'a aucune crainte,

Lui seul, elle le voit et l'entend,

Fait des efforts et se plaint ; ni ne cède

Jusqu'à ce que son compagnon coule et ne réapparaisse plus.

HOMMAGE

À la mémoire du même chien.

Allonge-toi ici, sans aucune trace de ta valeur,

Sous une couverture de terre commune !

Ce n'est pas par refus de louer,

Ou manque d'amour, qu'ici nous ne soulevons aucune pierre ;

mérites plus ; mais *cet* homme donne à l'homme,

Frère à frère, *c'est* tout ce que nous pouvons.

Pourtant, ceux à qui tes vertus te rendaient cher

Je te retrouverai à travers tous les changements de l'année :

Ce chêne montre ta tombe ; l'arbre silencieux

Sera heureux de dresser un monument de toi.

Cowper, qui aimait tendrement tous les animaux, n'a pas manqué d' honorer un chien d'un hommage poétique dans Le Chien et le nénuphar, célébrant le dévouement de « mon épagneul, le plus joli de sa race ».

C'était l'époque où Ouse affichait

Ses lys nouvellement soufflés ;

J'ai l'intention d'examiner leurs beautés,

Et celui que je souhaitais m'appartenir.

Avec la canne étendue au loin, j'ai cherché

Pour le diriger près de la terre;

Mais toujours le prix, bien que presque attrapé,

J'ai échappé à ma main avide.

Beau a marqué mes douleurs infructueuses

Au visage fixe et prévenant,

Et des énigmes ont mis son cerveau de chiot

Pour comprendre, le cas.

Mais chef moi-même, j'enjoindrai,

Réveillé à l'appel du devoir,

Pour montrer un amour aussi prompt que le tien

À Celui qui nous donne tout.

Mais avec un gazouillis clair et fort,

Dispersant tout son rêve,

Je me retirai de là et suivis longtemps

Les méandres du ruisseau.

Ma randonnée terminée, je reviens.

Beau, trottant bien avant,

La couronne flottante fut à nouveau discernée,

Et, plongeant, il quitta le rivage.

Je l'ai vu, avec ce lys coupé,

Nager impatient pour se rencontrer

Mon approche rapide, et bientôt il a laissé tomber

Le trésor à mes pieds.

Charmé par cette vue, le monde, j'ai pleuré,

J'apprendrai ceci, ton acte :

Mon chien mortifiera la fierté

De la race supérieure de l'homme.

Forster nous raconte pleinement le dévouement de Dickens envers ses
nombreux chiens, citant la manière inimitable du romancier de décrire ses

favoris . Dans le Dr Marigold, il y a un passage particulièrement intéressant sur « moi et mon chien ».

« Mon chien savait aussi bien que moi quand elle était au tournant. Avant qu'elle n'éclate, il poussa un hurlement et s'enfuit. Comment il savait que c'était un mystère pour moi, mais la certitude de le savoir le réveillerait de son sommeil le plus profond, et pousserait un hurlement et une fuite. Dans de tels moments, j'aurais aimé être lui. Après la mort de son enfant et de sa femme, il raconte : « Mon chien et moi étions désormais toute la compagnie qui restait dans le chariot, et le chien a appris à aboyer brièvement lorsqu'il ne voulait pas enchérir, et à en émettre un autre et un signe de tête de signe de tête. sa tête quand je lui ai demandé : « Qui a dit une demi-couronne ? Il a atteint un immense sommet de popularité et, je le croirai toujours, a appris tout seul, de sa propre tête, à grogner contre toute personne dans la foule qui enchérissait aussi bas que six pence. Mais il commençait à être âgé, et une nuit, alors que je faisais des convulsions à York avec mes lunettes, il a eu une convulsion pour son propre compte, sur le pied même de moi, et cela l'a achevé.

M. Laurence Hutton, du St. Nicholas, a récemment exprimé ses sentiments au sujet des chiens, comme suit :

« C'est le Dr John Brown, d'Edimbourg, je pense, qui a parlé avec une sincère sympathie de l'homme qui « menait une vie sans chien ». C'est M. « Josh Billings », je le sais, qui a dit que dans toute l'histoire du monde, il n'y a qu'une seule chose que l'argent ne peut acheter : à savoir remuer la queue d'un chien. Et c'est le professeur John C. Van Dyke qui a déclaré l'autre jour, en passant en revue la carrière artistique de Landseer, qu'il avait rendu ses chiens trop humains. C'est le grand Créateur lui-même qui a rendu les chiens trop humains, si humains qu'ils font parfois honte à l'humanité.

« J'ai été l'ami et le confident de trois chiens, qui m'ont aidé à m'humaniser pendant un quart de siècle, et qui avaient des âmes à sauver, j'en suis sûr, et quand je traverserai la rivière Stygienne, j'espère trouver sur l'autre rive, un trio de chiens remuant presque la queue de joie à mon arrivée, et la langue honnête pendante pour me lécher les mains et les pieds. Et puis je vais, avec ces chiens fidèles et dévoués à mes trousses, parler des chiens avec le Dr John Brown, Sir Edward Landseer et M. Josh Billings.

Les chiens ont-ils une âme, une étincelle de vie qui perdure ailleurs après la mort ?

Beaucoup l'espéraient, de Wesley au petit garçon qui a perdu son camarade bien-aimé.

Il est certain que les chiens montrent des qualités que chez un homme on appellerait raison, appréhension rapide, présence d'esprit, courage, abnégation, affection jusqu'à la mort.

À la fin de ce chapitre, puis-je me permettre de parler de deux de mes amis spéciaux : l'un est un fox-terrier, propriété de M. Howard Ticknor, de Boston ; l'autre, mon intéressant animal de compagnie, qui n'a jamais manqué d'apprendre les tours qu'on lui suggérait ? Antoninus Pius, appelé Tony en abrégé, accomplit plus d'une vingtaine d' accomplissements merveilleux, comme jouer du piano, croiser les pattes et avoir l'air extrêmement artistique, voire inspiré, danser une danse de jupe, tourner sur une roue de lin, jouer sur un tambourin balancé par un ruban autour du cou ; joue au pattycake avec sa maîtresse. Et mon propre Yorkshire terrier, intelligent, monte sur le dossier d'une chaise et prêche avec animation, éloquence et gestes énergiques ; renverse une rangée de livres puis s'assoit dessus, en tant que critique littéraire ; se tient dans un coin, la patte droite levée, comme un tableau de la Liberté éclairant le monde ; sonne une cloche à plusieurs reprises et avec une énergie croissante, pour nous appeler à la table ; chante la tête et les yeux levés, accompagnés d'un harmonica - et chacun commence tout juste son éducation.

J'ai lu récemment le récit d'un chien connaisseur, doté d'une sorte de talent cockney aiguisé, qui avait l'habitude d'aller chaque jour avec un sou dans la bouche acheter un petit pain. Une fois qu'on lui en a donné une directement sortie du four ; il le laissa tomber, saisit son argent sur le comptoir et changea de boulanger.

COMPLIMENTS AUX CHATS.

Vous pouvez posséder un chat, mais vous ne pouvez pas en gouverner un.

À UN CHATON.

Mais pas seul près du feu du chalet

Les rustiques admirent-ils tes exploits ;

Le sage érudit , dont les pensées explorent

La plus large gamme de connaissances humaines ;

Ou, avec une mouche fantaisie sans entraves

À travers les hauteurs aériennes de la poésie ;

Pause, sourires avec un air altéré

Pour te voir grimper sur son fauteuil coudé,

Ou, luttant contre le tapis en dessous,

Menez la guerre avec son orteil pantoufles .

JOANNA BAILLIE.

CHATS.

Dieu a créé le chat pour donner à l'homme le sentiment agréable d'avoir caressé le tigre.

MÉRY .

Le sentiment public n'est pas aussi unanime en faveur des chats, mais ils ont eu leurs fervents admirateurs, tandis qu'en Égypte, ils étaient adorés comme divins, vénérés comme un emblème de la lune. Lorsqu'un chat mourait, les propriétaires offraient au corps des funérailles spectaculaires, prenaient le deuil et se rasaient les sourcils. Diodore parle d'un soldat romain condamné à mort pour avoir tué un chat. On raconte que Cambyse, roi de Perse, lorsqu'il allait combattre les Égyptiens, attachait devant la poitrine de chaque soldat un chat vivant. Leurs ennemis n'osèrent pas courir le risque de blesser leurs animaux sacrés et furent ainsi vaincus.

Artistes, monarques, poètes, diplomates, chefs religieux, auteurs, ont tous daigné prendre soin des chats. Une simple liste de leurs noms ferait un gros livre. Par exemple, Godefroi Mind, un artiste allemand, était surnommé le Raphaël des chats. Les gens le traquaient dans son grenier et payaient des prix élevés pour ses photos. Durant les longues soirées d'hiver, il s'amusait à sculpter de petits chats dans des châtaignes et ne parvenait pas à les fabriquer assez rapidement pour ceux qui voulaient les acheter. Mohammed aimait tellement sa chatte Muezza qu'un jour, alors qu'elle dormait sur sa manche, il lui a coupé la manche plutôt que de la déranger. Andrew Doria , l'un des dirigeants de Venise, a non seulement fait peindre un portrait de son chat de compagnie, mais après sa mort, son squelette a été conservé comme un trésor. Le favori particulier de Richelieu était un splendide Angora, son lieu de repos étant la table couverte de papiers d'État. Montaigne se reposait en s'ébattant avec son chat. Fontenelle aimait placer son « Tom » dans un fauteuil et prononcer un discours devant lui. Le chat du cardinal Wolsey était assis à ses côtés lorsqu'il recevait les princes. Pétrarque a fait embaumer son félin de compagnie et l'a placé dans son appartement.

Vous voyez, l'idée selon laquelle le chat serait l'animal de compagnie des vieilles filles est loin d'être vraie. Edward Lear, du célèbre Nonsense Verses, a écrit de lui-même :

Il a de nombreux amis, laïcs et clercs ;

Old Foss est le nom de son chat ;

Son corps est parfaitement sphérique ;

Il porte un chapeau runcible .

Wordsworth a écrit sur un chaton et les feuilles qui tombent. Un volume de deux cent quatre-vingt-cinq pages de poèmes en toutes langues, consacré à la mémoire d'un seul chat, fut publié à Milan en 1741. Shelley écrivait des vers à un chat.

Il semble injuste d' affirmer que le chat est incapable d'attachement personnel, alors qu'il a gagné l'affection de tant de grands êtres de la terre. Le crâne du chat de Morosini est conservé parmi les reliques de ce digne vénitien. Le chat d' Andrea Doria a été peint avec lui. La gratitude de Sir Henry Wyat envers le chat qui l'a sauvé de la faim dans la Tour de Londres en lui apportant des pigeons à manger, a provoqué cette remarque : « Vous ne trouverez sa photo nulle part ailleurs qu'avec un chat à côté de lui. » Cowper écrivait souvent sur ses chats et chatons. Horace Walpole écrivit à Gray, pleurant la perte de son plus beau chat, et Gray répondit : « Je connais Zara et Zerlina , ou plutôt je les ai connues toutes les deux ensemble, car je ne peux pas dire avec précision laquelle était laquelle. Alors, quant à votre plus beau chat, je n'en suis pas moins embarrassé ; en plus de savoir que le plus beau chat est toujours celui que l'on préfère, ou, si l'un est vivant et l'autre mort, c'est généralement ce dernier qui est le plus beau. D'ailleurs, si les choses étaient si claires, j'espère que vous ne me croirez pas assez mal élevé au point d'oublier mon intérêt pour le survivant... oh non ! J'aurais plutôt l'air de me tromper et d'imaginer, bien sûr, que ce doit être le chat tigré. C'était le tabby ; sa mort fut soudaine et pitoyable, tombant du « côté d'un grand vase » alors qu'elle tentait de se procurer un poisson rouge pour son dîner. Gray a envoyé à Walpole une ode inspirée par le malheur, dans laquelle il dit :

Quel cœur de femme l'or peut-il mépriser ?

Quel chat n'aime pas le poisson ?

et décrit ainsi la scène finale :

Huit fois sortant du déluge,

Elle miaulait à chaque dieu aquatique

Une aide rapide à envoyer.

Aucun dauphin n'est venu, aucune Néréide n'a bougé,

Ni le cruel Tom ni Susan n'entendirent.

Un favori n'a pas d'ami.

À la mort de Gray, Walpole plaça le vase de Zerlina sur un piédestal marqué de la première strophe.

Jeremy Bentham a d'abord baptisé son chat Langbourne ; ensuite, Sir John Langbourne ; et lorsqu'il fut très sage et digne, le révérend Sir John Langbourne , DD Pie IX, permit à son chat de s'asseoir avec lui à table, attendant son tour d'être nourri de la manière la plus convenable. Théophile Gautier nous raconte à quel point ses chats se comportaient magnifiquement à table. Un ami qui rendait visite à Mgr Thirlwall alors qu'il était à la retraite, pensa qu'il avait l'air fatigué et lui demanda de prendre le grand fauteuil. "Tu ne vois pas qui est déjà là ?" dit le grand ecclésiastique en désignant un chat endormi sur le coussin. "Il ne faut pas la déranger." Helen Hunt Jackson a consacré un gros livre à l'éloge des chats et des chatons. Nous savons qu'Isaac Newton aimait les chats, car n'a-t-il pas fait deux trous dans la porte de sa grange : un grand pour que la vieille chatte puisse entrer et sortir, et un petit pour le chat ?

Parmi les auteurs français, on rappelle Rousseau, qui a beaucoup à dire en faveur des félins. Colbert a élevé une demi-douzaine de chats dans son étude et leur a appris de nombreuses astuces intéressantes. Le chat a fourni à Perrault l'un des sujets les plus séduisants de ses récits, et sous la plume magique de cet admirable conteur, le Chat Botté est devenu un exemple de la puissance du travail, de l'industrie et *du savoir-faire* . Gautier se moque des tempêtes qui font rage au dehors, tant qu'il a

Sur mes genoux un chat qui se joue et folâtre,

Un livre pour veiller, un fauteil pour devenir.

Béranger , dans son idylle Le Chat, fait d'un chat intelligent un intermédiaire entre les amoureux. Baudelaire revint de ses pérégrinations en Orient, passionné des chats, et leur adressa quelques beaux vers ; on les voit dans sa poésie, comme des chiens dans les tableaux de Paul Véronèse. Voici un exemple :

Viens, beauté, repose sur mon cœur aimant,

Mais cesse le jeu de tes pattes ,

Et laisse-moi regarder dans ces yeux qui s'élancent

Agate mixte et rayon métallique.

Encore:

Les érudits graves et les amoureux fous admirent tous

Et l'amour, et chacun pareil, à sa pleine marée

Ces chats suaves et puissants, fierté du coin du feu,

Qui aime la vie sédentaire et la lueur du feu.

Comme il jouit, et même, se délecte du ronronnement musical !

Ces tons qui ronronnent et s'infiltrent

Au plus profond de mon âme sombre,

Exalte-moi comme un rouleau de musique fine,

Et cèdez à la joie que procurent les philtres d'amour.

Il n'y a aucune note au monde,

Ni un instrument parfait que je connais,

Peut élever mon cœur à une telle lueur

Et fait tourbillonner son accord vibrant,

Comme ta voix riche et mystérieuse.

Champfleury , un autre écrivain français, a rapporté que, visitant une fois Victor Hugo, il trouva, dans une pièce décorée de tapisseries et de meubles gothiques, un chat trônant sur une estrade, et recevant apparemment l'hommage de la compagnie. Le chat de Sainte-Beuve était assis sur son bureau et se promenait librement sur ses essais critiques. « J'apprécie chez le chat, dit Chateaubriand, ce caractère indifférent et presque ingrat qui s'empêche de s'attacher à qui que ce soit ; l'indifférence avec laquelle il passe du *salon* au toit de la maison. Le maréchal Turenne s'amusait des heures durant à jouer avec ses chatons. Le grand général Lord Heathfield apparaissait souvent sur les murs de Gibraltar lors du fameux siège, accompagné de ses chats préférés . Montaigne écrivait : « Quand je joue avec mon chat, qui sait si je ne le fais pas plus sport qu'elle ne me fait ? Nous nous divertissons mutuellement avec notre jeu. Si j'ai mon heure pour commencer ou refuser, elle aussi. Comme le dit George Eliot : « Qui peut dire quelles critiques le chat peut nous adresser à nous, êtres de spéculation plus large ? » La chatte Micette de Chateaubriand est bien connue. Il lui caressait la queue, pour prévenir Mme Récamier qu'il était fatigué ou qu'il s'ennuyait.

Les chats et leurs amitiés ne sont pas mentionnés dans la Bible. Mais ils sont mentionnés dans un écrit sanskrit vieux de deux mille ans et, comme nous l'avons dit précédemment, ils étaient des animaux de compagnie et presque des idoles chez les Égyptiens, qui les momifiaient en compagnie des rois et des princes. Ils étaient également favoris en Inde et en Perse et peuvent revendiquer des relations avec les félins royaux des tropiques. Simonide, dans sa Satire des femmes, la plus ancienne qui existe, établit que les femmes rebelles ont été créées à partir de chats, tout comme les matrones les plus vertueuses et les plus industrieuses ont été créées à partir de la bière. Dans l'Histoire des Croisades de Mills, le chat était un personnage important dans les fêtes religieuses. A Aix, en Provence, le plus beau chat était enveloppé comme un enfant dans des langes et exposé dans une magnifique châsse : chaque genou plié, chaque main jonchée de fleurs.

Plusieurs chats ont été immortalisés par des panégyriques et des épitaphes de maîtres célèbres. Joachim de Bellay a laissé ce joli hommage :

C'est Béland , mon petit chat gris—

Béland , qui fut peraventure

Le plus bel œuvre que la nature

Fit une fois en matière de chats.

La pensive Selima , propriété de Walpole, a été pleurée par Gray, et de l'Élégie nous tirons l' aphorisme favori : « Un favori n'a pas d'amis ». Arnold a pleuré le grand Atossa . L'un des meilleurs sonnets du Tasse était adressé à son chat préféré . Les chats figurent dans la littérature de Gammer Gurton's Needle jusqu'à nos jours. Shakespeare mentionne le chat quarante-quatre fois – « le chat inoffensif et nécessaire », etc. Goldsmith a écrit :

Autour dans une gaieté sympathique

Ce sont les tours que le chaton essaie ;

Le grillon gazouille dans le foyer,

Le fagot crépitant s'envole.

Joanna Baillie a écrit dans le même sens.

Dans l'une des fables de Gay sur les animaux, on demande au chat ce qu'il peut faire pour bénéficier à la confédération proposée. Elle répond avec mépris :

... Ces dents, ces griffes,

Avec vigilance, nous servirons la cause.

La souris détruite par ma poursuite

Vos fêtes ne pollueront plus,

Ni manger, suite à une embuscade nocturne

Vos magasins envahissent avec vigilance.

L'histoire de Dick Whittington et de son chat est sans aucun doute vraie. Toutes les reliques picturales et architecturales de Whittington le représentent avec le chat – un chat noir et blanc – à sa main gauche, ou sa main posée sur un chat. L'une des figures qui ornaient la porte de Newgate représentait la Liberté avec la figure d'un chat couché à ses pieds. Whittington était un ancien fondateur. Dans la cave de son ancienne maison de Gloucester, on a trouvé une pierre, probablement une partie d'une cheminée, montrant en *basso-rilievo* la figure d'un garçon portant dans ses bras un chat. Cowper a un poème sur Un chat retraité des affaires. Les vers de Heinrich sont bien connus, ou devraient l'être :

Le vieux chat des voisins souvent

Je suis venu nous rendre visite.

Nous lui avons fait un salut et une courtoisie,

Chacun avec un compliment.

Après sa santé, nous avons demandé,

Notre soin et notre respect pour les preuves ;

Nous avons fait les mêmes discours

à beaucoup de vieux chats.

Cette traduction était de Mme Browning ; beaucoup d'autres l'ont essayé avec succès. Alfred de Musset apostrophait ses chats en vers. Paul de Koch décrit fréquemment son chat préféré dans ses romans. Hoffman, le romancier allemand, introduit les chats dans ses contes étranges et fantastiques, et Poe nous a donné Le Chat Noir. Keats a composé un

SONNET À UN CHAT :

Chat, qui a dépassé ton grand climatère,

Combien de souris et de rats as-tu en tes jours

Détruit? Combien de friandises volées ? Regard

Avec ces segments languissants et brillants verts et piquants

Ces oreilles de velours, mais je t'en prie, ne colle pas

Tes serres latentes en moi, et raconte-moi toutes tes bagarres,

Des poissons et des souris, des rats et des poussins tendres ;

Non, ne baisse pas les yeux et ne lèche pas tes délicats poignets,

Pour tout ton asthme sifflant, et pour tout

Le bout de ta queue est coupé, et bien que les poings

De nombreuses servantes t'ont donné de nombreux mauls,

Ta fourrure est toujours comme quand les listes

Dans ta jeunesse, tu es entré sur un mur de bouteilles de verre.

Clinton Scollard écrit avec tendresse sa perte

GRIMALKIN :

Une élégie sur Pierre, âgé de douze ans.

En vain cet appel aimable ; en vain

L'assiette pour laquelle tu étais autrefois amoureux

Le matin, à midi et à la tombée du jour,

Ô roi des souris.

Je ne t'entends plus ronronner et ronronner

Comme aux jours de gambade qui furent,

Quand tu as frotté ta fourrure de velours

Contre mon pantalon.

Comme les endroits où

Tu étais franchement débonnaire,

Ni rêvé d'un rêve de soins félins,

Un chaton capricieux.

Les repaires ensoleillés où, devenu chat,

Vous avez réfléchi à ceci, considéré cela,

La chaise rembourrée, le tapis, le tapis,

À la lueur du feu, frappé.

Même si tu étais peu nombreux à avoir peur,

Comme tu connaissais bien une démarche amicale,

Et qu'en est-il de ton dos ou de ta tête

La main caressante signifiait !

Un parfum passager pourrait réveiller vivement

Ton désir de côtelette ou de steak.

Pourtant, mon chat, combien rarement as-tu cassé

Le huitième commandement !

Même si ta vie est brève, une petite durée

Des jours comparés à celui de l'homme,

Le temps qui t'était imparti s'est écoulé

En mètre plus doux.

Maintenant, avec la terre chaude sur ta poitrine,

Ô le plus sage de ton espèce et le meilleur,

pour toujours te reposer doucement ,

Au rythme —Pierre.

Agnès Repplier, dans ses Essais sur l'oisiveté et les heures endormies, nous parle d'Agrippine et de son enfant. Charles Dudley Warner a donné au monde une esquisse du personnage de son chat Calvin.

Une jeune fille qui était dans la maison avec M. Whittier et qu'il aimait beaucoup, s'approcha un jour de lui, les yeux pleins de larmes et le visage triste, et lui dit : « Mon cher petit minou Bathsheba est mort, et je veux que tu le fasses. écrire un poème pour le mettre sur sa pierre tombale. Je l'enterrerai sous un rosier ! Sans hésiter un instant, le poète dit :

Bethsabée ! à qui personne n'a jamais dit scat !

Pas de chat plus digne

Je me suis déjà assis sur un tapis

Ou attrapé un rat ;

Requiescat!

Les chats sont rendus très utiles. Le gouvernement anglais garde des chats dans les bureaux publics, les chantiers navals, les magasins, les transports maritimes, etc. A Vienne, quatre chats sont employés par les magistrats municipaux pour attraper des souris dans les locaux de la municipalité avec une allocation régulière, votée pour leur garde, pendant le service actif, puis inscrite sur la liste des retraités avec une pension confortable ; beaucoup mieux soignés que les professeurs d'université ou les ministres retraités de notre pays. Il existe un certain nombre de chats dans la poste américaine pour protéger les sacs postaux des rats et des souris ; aussi, à l'Imprimerie Impériale en France, un bâton félin avec un gardien. Les chats reçoivent des sacs de maïs vides, afin qu'ils ne soient pas grignotés et dévorés. Les chats sont d'une valeur inestimable pour les agriculteurs dans les granges et les latrines, les écuries et les champs nouvellement tondus.

Il existe de nombreux proverbes sur le chat. Shakespeare dit :

Je n'ose pas attendre, je le ferais,

Comme le pauvre chat selon l'adage,

ce qui signifie , exprimé dans un autre proverbe,

Le chat aime le poisson, mais n'aime pas

Pour se mouiller les pattes.

Une bonne boisson fera parler un chat.

Pas de place pour balancer un chat.

Ils avaient l'habitude de balancer un chat sur une branche d'arbre comme cible sur laquelle tirer.

Honnête comme le chat quand le repas est hors de portée.

Laisse le chat en dehors du sac.

Un chat était parfois remplacé par un cochon de lait et transporté dans un sac jusqu'au marché. Si un novice choisit d'acheter sans examen, très bien ; mais s'il ouvrait le sac, le truc était découvert, et il « laissait le chat sortir du sac ».

Malade comme un chat.

Ne touchez pas un chat sans gant.

Que peut-on avoir d'un chat à part sa peau ?

Pour en faire une patte de chat,

faisant référence à la fable du singe qui prenait la patte d'un chat pour récupérer des châtaignes grillées sur les cendres chaudes.

Qui doit sonner le chat ?

faisant allusion à la vieille souris rusée qui a suggéré d'accrocher une clochette au cou du chat pour informer toutes les souris de son approche. « Excellent », dit une jeune souris sage, « mais qui entreprendra le travail ? »

Madame Henriette Ronner a consacré la moitié de sa longue carrière artistique à l'étude des chats, produisant un monde félin aussi impressionnant que le monde du bétail de Potter ou celui des cerfs et des chiens de Landseer. Harrison Weirs est l'un des partisans les plus dévoués de Pussy. Il est à l'origine d'expositions félines au Crystal Palace de Londres. Il dit que les chiens, grands ou petits, sont généralement inutiles ; tandis qu'un chat, caressé ou non, rend service. Sans elle, les rats et les souris envahiraient la maison. S'il n'y avait pas des millions de chats, il y aurait des milliards de vermine. Il pense que les chats sont plus critiques que les chiens, car il a vu un chat ouvrir des portes verrouillées et repousser un verrou ou une barre ; ils attendront le boucher, espèrent des morceaux de viande, ne le chercheront que les jours fixés et connaîtront l'heure à laquelle sonnera la cloche du déjeuner. Les chiens mordent souvent lorsqu'ils sont en colère ; les chats rarement. Ils parcourront une longue distance pour rentrer chez eux ; former des attachements dévoués envers d'autres animaux, comme les chevaux, les coqs, les colleys, les vaches, les poules, les lapins, les écureuils et même les rats, et peuvent apprendre à respecter la vie des oiseaux.

Des opinions exactement opposées sont défendues par d'autres, des juges tout aussi bons et justes, et avec eux le chat est considéré comme égoïste, méchant, rusé, traître et, comme un politicien bas de gamme, soumis uniquement au pouvoir qui le nourrit et lui fournit un couchette chaude pour se blottir. Et nous trouvons de nombreuses anecdotes, bien authentifiées, prouvant qu'ils sont dociles, affectueux, de bonne humeur, dociles et même dotés de quelque chose qui ressemble beaucoup à l'intellect. Dans la vie de Sir David Brewster, par sa fille, nous voyons qu'un chat de la maison entra un jour dans sa chambre et se lia d'amitié de la manière la plus affectueuse ; « Je l'ai regardé droit dans les yeux, j'ai sauté sur les genoux de mon père, j'ai posé une patte sur chaque épaule et je l'ai embrassé aussi distinctement qu'un chat. Depuis lors, le philosophe lui-même lui fournissait chaque matin son petit-déjeuner dans son assiette, jusqu'au jour où elle disparut, au grand chagrin de son maître. On n'entendit plus parler d'elle pendant près de deux ans, lorsque Pussy entra dans la maison, sans soif ni douleur aux pieds, se dirigea sans hésiter vers le bureau, sauta sur les genoux de mon père, posa une patte sur chaque épaule et l'embrassa, exactement comme le premier jour."

Les chats peuvent être entraînés à serrer la main, sauter par-dessus un bâton, s'asseoir sur leurs pattes arrière, siffler, mendier comme un chien, mais nous prenons rarement la peine de découvrir avec quelle facilité il est possible de leur apprendre. Madame Piozzi (Mme Thrale) nous parle de la gentillesse du Dr Johnson envers son chat, nommé Hodge. Lorsque la créature était devenue vieille et exigeante à cause de la maladie, et ne pouvait manger que des huîtres, le vieux lexicographe bourru sortait toujours lui-même pour acheter le dîner de Hodge. Boswell ajoute : « Je me souviens qu'un jour, Hodge remontait la poitrine du Dr Johnson, apparemment avec beaucoup de satisfaction, tandis que mon ami, souriant et à moitié sifflant, lui frottait le dos et le tirait par la queue, et quand j'ai remarqué qu'il avait un beau chat, disant : « Eh bien oui, monsieur, mais j'ai eu des chats que j'aimais mieux que celui-ci », puis, comme s'il percevait Hodge comme étant de mauvaise contenance, il ajoutait : « Mais c'est un bon chat, un très bon chat en effet. ' Il fit un jour un récit ridicule de l'état méprisable d'un jeune gentleman de bonne famille. "Monsieur, la dernière fois que j'ai entendu parler de lui, il courait en ville pour tirer sur des chats." Et puis, dans une sorte de rêverie amicale, il ajouta : « Mais Hodge ne sera pas fusillé ; non, Hodge ne sera pas abattu. » Et cela de la part du tonnerre bourru et dogmatique qui a snobé ou réduit au silence tous les antagonistes. Même Lord Chesterfield, égoïste et courtois, a laissé une pension permanente à ses chats et à leurs descendants. Robert Southey a écrit un Mémoire sur les chats de Greta Hall. Il aimait voir ses chats avoir l'air dodus et en bonne santé et essayait de les rendre confortables et heureux. Lorsqu'ils tombaient malades, il les faisait soigner soigneusement par les « dames de cuisine » et les faisait soigner par l'apothicaire de Keswick. En effet, les chats et les chatons étaient tellement caressés et caressés à Greta Hall par les jeunes et les vieux que Southey appelait parfois l'endroit « l'Eden des chats ». Dans une lettre à l'un de ses amis amoureux des chats, il dit qu'« une maison n'est jamais parfaitement meublée pour le plaisir à moins qu'elle n'ait un enfant de trois ans et un chaton de trois semaines ». Ce mémorial donne des biographies si véridiques et impartiales de ses amis chasseurs de rats qu'il mérite d'être connu et admiré comme le Plutarque des chats. L'histoire a été compilée pour sa fille. Il commence ainsi : « Dans la mesure où, très excellente Edith May, vous devez toujours ressentir une préoccupation naturelle et convenable pour tout ce qui concerne la maison dans laquelle vous êtes née et dans laquelle la première partie de votre vie s'est déroulée jusqu'ici si heureusement. dépensé, j'ai pour votre instruction et votre plaisir composé ces mémoires, afin que la mémoire de ces dignes animaux ne périsse pas, mais soit tenue en honneur mérité par mes enfants et ceux qui viendront après eux. Le sketch est trop long pour être donné, mais il est pétillant de plaisir et parfois tragique d'aventures tristes. Leurs noms étaient aussi remarquables que leurs personnages : Madame Bianchi ; Pulchérie Ovide, ainsi appelé parce qu'on peut le présumer maître dans l'art de l'amour ; Virgile, parce qu'on pourrait déceler quelque chose comme Maro dans ses notes de cour ; Othello, noir et jaloux ; Prêtre

Jean, qui s'est avéré n'être pas du sexe de Jean et dont le nom a donc été modifié en Pape Jeanne ; Rumpelstilchen , nom emprunté aux Contes de Grimm, et Hurlyburlybuss . Rumpelstilchen a vécu neuf ans. Après avoir décrit divers chats, leurs aventures et mésaventures, Madame Bianchi disparut et Pulchérie mourut peu après d'une épidémie de maladie parmi les chats à cette époque. «Pendant longtemps après, une mauvaise fortune a accompagné toutes nos tentatives de rétablir une chatterie. Ovide disparut et Virgile mourut d'une misérable maladie de Carré. Le pape, je le crains, a connu une mort dont d'autres papes sont morts. Je soupçonne qu'un poison que les rats avaient retiré de leurs trous s'est avéré mortel pour leur ennemi. Pendant quelque temps, j'ai eu peur d'être à la fin de notre catalogue , mais finalement la Fortune, comme pour se racheter de sa sévérité tardive, nous en a envoyé deux à la fois, le jamais assez loué Rumpelstilchen. , et le tout aussi admirable Hurlyburlybuss . Et « premier pour le premier d'entre eux », comme le dit mon grand favori et presque son homonyme, Robert South, dans ses sermons. Il explique ensuite longuement un conte allemand du recueil de Grimm (un conte des plus charmants aussi), qui a donné à l'ancien chat son appellation étrange et magistrale. « L' origine de Hurlyburlybuss a longtemps été un mystère. Il est apparu ici comme Manco Capac au Pérou et Quetzalcohuatl chez les Aztèques — on ne savait d'où. Il fit la connaissance de tous les philofélistes de la famille, s'attachant plus particulièrement à Mme Lorell ; mais il n'essayait jamais d'entrer dans la maison, disparaissait souvent pendant des jours, et une fois depuis mon retour pendant si longtemps qu'on le croyait mort et véritablement déploré comme tel. La question était de savoir où se retirait-il dans de tels moments et à qui appartenait-il ? car ni moi, dans mes promenades quotidiennes, ni les enfants, ni aucun des domestiques, ne l'avons jamais vu par hasard ailleurs que dans notre propre domaine. Il y avait là quelque chose de si mystérieux qu'autrefois cela aurait pu éveiller de forts soupçons, et il aurait été en danger de passer pour une sorcière déguisée ou pour un familier. Le mystère, cependant, a été résolu il y a environ quatre semaines, lorsque, alors que nous rentrions chez nous après une promenade sur la Greta, Isabel l'a vu traverser la route et le mur depuis Shulicson en direction de la colline. Mais à ce jour, nous ignorons qui a l' honneur d'être son propriétaire aux yeux de la loi, et le propriétaire ignore également la haute faveur dans laquelle Hurlyburlybuss est tenu, le nom héroïque qu'il a obtenu et que sa renommée s'est étendu au loin; oui, qu'avec Rumpelstilchen il a été célébré en chant, et que sa gloire reviendra aux générations futures. Une forte inimitié existait entre ces deux chats à la nomenclature remarquable, et leurs altercations étaient nombreuses. Il y a quelques semaines, Hurlyburlybuss était manifestement émacié et affaibli par une mauvaise santé, et Rumpelstilchen, avec une grande magnanimité, a fait des ouvertures de paix. De la fenêtre du salon on voyait tout le déroulement du traité . La prudence avec laquelle Rumpel faisait ses avances, la dignité maussade avec laquelle ils furent reçus, leur inquiétude mutuelle lorsque Rumpel , après une approche lente et prudente, s'assit côte à côte avec son rival, la peur mutuelle qui retenait non seulement les dents et les griffes, mais jusqu'à tous les tons de défi, l'agitation mutuelle de leurs queues, qui, bien qu'elles ne se dilataient pas de colère, ne pouvaient rester immobiles pour le suspense, et enfin la manière dont Hurly se retirait, comme Ajax, gardant toujours son visage vers son ancien antagoniste. , méritaient d'avoir été représentés par ce peintre qu'on appelait le Raphaël des Chats. Cette ouverture, je le crains, ne fut pas acceptée aussi généreusement qu'elle l'avait été, car à peine Hurlyburlybuss eut-il repris des forces que les hostilités reprirent avec plus de violence qu'auparavant. Terribles furent les combats qui s'ensuivirent... Tous les moyens pour les réconcilier et leur faire comprendre combien il est bon que les chats vivent ensemble en paix, et quels imbéciles ils sont de se quereller et de se déchirer, sont vains. Les démarches de la Société pour l'abolition de la guerre ne sont pas plus totalement inefficaces et désespérées. Tout ce que nous pouvons faire, c'est agir de manière plus impartiale que les dieux ne l'ont fait entre Achille et Hector, et continuer à traiter tous deux avec la même considération. J'ajouterai seulement les mots de clôture : « Et ayant ainsi ramené ces Mémoires des Chats de Greta Hall jusqu'à nos jours, je confie le précieux mémorial à votre garde. Fille la plus dissipée et la plus légère, votre père le plus diligent et le plus léger, Keswick, 18 juin 1824. » Rumpel vécut neuf ans entouré d'attentions aimantes et, à sa mort, le 18 mai 1833, Southey écrivit à un vieil ami, Grosvenor Bedford : « Hélas ! Grosvenor, ce jour-là, le pauvre vieux Rumpel a été retrouvé mort, après une vie aussi longue et heureuse qu'un chat peut le souhaiter, si les chats forment des vœux à ce sujet. Il devrait y avoir un deuil judiciaire au pays des chats, et si le Dragon (un chat de M. Bedford) porte un ruban noir autour du cou, ou une bande de crêpe, *à la militaire* , autour d'une des pattes avant, ce ne sera que une marque de respect convenable. Comme nous n'avons pas de catacombes ici, il sera décemment enterré dans le verger et de l'herbe à chat sera plantée sur sa tombe.

Parmi les célébrités modernes qui aiment les chats figurent l'actrice Ellen Terry, qui adore jouer avec les chatons par terre ; M. Edmund Yates, le regretté romancier et journaliste, dont le chat avait l'habitude de s'asseoir pour dîner à côté de son maître ; et Julian Hawthorne, qui a un ami fidèle en la personne de son noble Tom, qui s'assoit invariablement sur son épaule pendant qu'il écrit. Et quand Tom estime que suffisamment de travail a été fait pour une seule séance, il se met à table et retire le manuscrit. Un chat symbolisait la liberté et était sculpté aux pieds de la déesse romaine de la liberté. On accorde rarement du crédit aux chats pour leur intelligence ou leur affection, mais de nombreuses anecdotes dignes de foi prouvent qu'ils possèdent les deux et qu'ils semblent comprendre ce qu'on leur dit, non seulement d'eux, mais à leur sujet. Ils sont plus simples que le chien ; Pour eux, la civilisation n'est pas encore devenue une seconde nature.

UNE HISTOIRE DE CHAT.

Vous pourriez être intéressé d'entendre parler du tour astucieux d'un Persan noir. Prin est un animal magnifique, mais aussi très délicat, qui désapprouve clairement toute viande qui n'est pas cuite de la manière particulière qu'il aime, à savoir le rôti. Le cuisinier, qu'il aime beaucoup, est bien décidé à rompre avec cette mauvaise habitude. On lui préparait donc de la viande cuite ou bouillie, mais, comme il l'avait souvent fait auparavant, il s'en détournait avec dégoût. Cependant, cette fois, ni poisson ni rôti n'ont été remplacés. Pendant trois jours, la soucoupe de viande resta intacte et aucune autre nourriture ne fut donnée. Mais le quatrième matin, le cuisinier fut très heureux de trouver la soucoupe vide. Prin courut à sa rencontre et la bonne femme dit à sa maîtresse combien ce chat repentant était très affectueux ce matin-là. Il a apprécié son dîner de rôti ce jour-là (sans doute servi avec une double quantité de sauce). Ce n'est que lorsque la planche à casseroles sous la commode a été nettoyée samedi que son astuce a été mise en lumière. Là, dans l'une des casseroles, derrière les autres, se trouvait le contenu de la soucoupe de viande mijotée. Il n'y avait aucun autre animal dans les environs, et les deux autres domestiques étaient aussi étonnés que le cuisinier du tour astucieux que leur jouait cet animal terriblement gâté de la maison. Mais le cuisinier était mortifié à l'idée de cette soucoupe de rosbif. Je sais que cette histoire est vraie et je connais le chat depuis neuf ou dix ans. Il habite à Clapham .

Je clôturerai ce catalogue d'attractions félines par deux énigmes : Pourquoi un chat traverse-t-il la route ? Parce qu'il veut passer de l'autre côté. Qu'est-ce qui n'a jamais été et ne sera jamais ? Un nid de souris dans l'oreille d'un chat.

TOUTES SORTES.

Dieu a créé toutes les créatures et leur a donné notre amour et notre peur,

Pour faire signe, nous et eux sommes ses enfants, une seule famille ici.

SAÜL DE BROWNING.

TOUTES SORTES.

Si ton cœur est droit, alors chaque créature sera pour toi un miroir de vie et un livre de sainte doctrine. — THOMAS À KEMPIS.

Il serait agréable de croire que c'est une preuve d'une nature bonne et tendre que de se délecter des animaux de compagnie, mais des hommes et des femmes, connus pour leur cruauté et leurs mauvaises vies, se sont consacrés à eux, prodiguant une tendresse, niée ailleurs. Catulle, le célèbre poète romain, a écrit une complainte sur le moineau de Lesbia ; Lesbia , la beauté sans vergogne et au cœur faux qui pouvait pleurer un oiseau mort, mais empoisonner son mari ! On voit souvent de jolies têtes en plâtre de Lesbia avec l'oiseau perché sur son doigt, le visage penché vers lui avec un regard qui est une caresse. Et le poème n'a perdu ni sa grâce ni son charme au fil des siècles.

SUR LA MORT DU MOINEAU DE LESBIA .

Pleurez, vous tous, Amours et Grâces ! faire le deuil ,

Vous, les esprits, les galants et les gays !

La mort de ma foire a arraché son oiseau...

Ses moineaux bien-aimés lui ont été arrachés.

Elle n'appréciait pas vraiment ses yeux,

Car il aimait et connaissait ma belle

Et comme les jeunes filles, leurs mères le savent,

Et elle chercha son sein et s'y blottit.

Une fois, flottant d'un endroit à l'autre,

Il gazouillait gaiement pour elle seule ;

Mais maintenant ce sombre chemin doit tracer

D'où le destin ne permet à personne de revenir.

maudites sur l'enfer qui descendent,

Oh, que ma malédiction soit sur toi, tu as entendu !

Oui, que toutes les jolies choses dévorent,

M'ont arraché mon joli oiseau.

Oh, mauvaise action ! Oh, moineau mort !

Oh, qu'est-ce que tu es misérable, si tu peux voir

Les yeux de ma belle d'un rouge pleurant,

Et sache combien elle pleure pour toi.

Jacques Ier, d'Angleterre, que Dickens désigne comme « Sa Sowship », pour exprimer sa détestation de son caractère, avait une variété de favoris stupides . Bien que destructeur impitoyable d'animaux à la chasse, il éprouvait un plaisir intense à les voir autour de lui heureux et bien soignés dans un état de domesticité. En 1623, John Bannat obtint une concession des intérêts du roi sur les baux de deux jardins et d'un immeuble dans les Nuriones , à la condition de construire et d'entretenir une maison pour garder et élever les vers à soie nouvellement importés de Sa Majesté. Sir Thomas Dale, l'un des colons de la colonie de Virginie alors nouvellement formée, retournant en Europe en permission, apporta avec lui de nombreux spécimens vivants de zoologie américaine , parmi lesquels des écureuils volants. Ceci étant venu aux oreilles de Sa Majesté, il fut pris d'une impatience enfantine de les ajouter aux ménageries privées de St. James's Park. A la table du conseil et dans le cercle de ses courtisans, il revient sans cesse sur le sujet, se demandant pourquoi Sir Thomas ne lui avait pas donné « le premier choix » de sa cargaison de curiosités. Il leur rappela comment l'ambassadeur moscovite récemment arrivé lui avait apporté des zibelines vivantes et, ce qu'il préférait encore, de splendides faucons gerfauts blancs d'Islande ; et lorsque Buckingham suggéra que, pendant tout son règne, la reine Elizabeth n'avait jamais reçu de zibelines vivantes du tsar, James se renseigna spécialement pour savoir si tel était réellement le cas. Un de ses sujets aimants, désireux de s'adonner à son passe-temps favori , lui avait offert un faon de couleur crème . Une infirmière fut immédiatement embauchée pour cela, et le comte de Shrewsbury chargea d'écrire ce qui suit à Miles Whytakers , signifiant le plaisir royal quant à la procédure future : « La Majesté du roi m'a chargé d'envoyer cette bête rare, un veau blanc, à toi, avec une femme, sa nourrice, qui l'as gardé et élevé. Sa Majesté voudrait que vous veilliez à ce qu'elle soit gardée à tous égards comme cette bonne femme le désire, et que la femme soit hébergée et pensionnée par vous jusqu'à ce que Sa Majesté vienne chez Theobald lundi prochain, et alors vous connaîtrez davantage son plaisir. Vous pouvez deviner quel compte Sa Majesté fait de cette belle bête, et personne ne peut supposer qu'elle est plus rare qu'elle ne l'est ; je sais donc que vous en prendrez soin en conséquence. C'est donc en toute hâte que je vous dis mes adieux chaleureux. A Whitehall, ce 6 novembre 1611. »

Vers 1629, le roi d'Espagne fit une diversion importante en sa faveur en envoyant au roi, cadeau inestimable, un éléphant et cinq chameaux.

Traversant Londres après minuit, dit un journal d'État, ils ne pouvaient pas passer inaperçus, et les clameurs et les cris soulevés par certains flâneurs des rues à la vue de leur masse lourde et de leur démarche disgracieuse, ont réveillé les dormeurs de leur lit dans chaque rue qu'ils traversaient. . La nouvelle de cet ajout inattendu au jardin zoologique est transmise à Theobald aussi rapidement que la chair de cheval, le fouet et l'éperon pourraient faire leur travail. Survint alors un échange de missives entre le roi, monseigneur le trésorier et M. le secrétaire Connay , grave, sérieux, délibéré, comme s'il impliquait le règlement ou le refus de quelque traité de paix. Par des phrases murmurées, pas fortes mais graves, l'économe seigneur trésorier montre « combien il est peu amoureux des cadeaux royaux, qui coûtent à son maître autant à entretenir qu'une garnison ». Peu importe. Des mandats sont délivrés aux officiers des Mews et à Buckingham, maître des chevaux, selon lesquels l'éléphant doit être bien habillé et nourri quotidiennement, mais qu'il ne doit pas être conduit à l'eau, ni admis à le voir sans instructions de son gardien. Les chameaux doivent être pâturés quotidiennement dans le parc, mais ramenés la nuit avec toutes les précautions possibles pour les mettre à l'abri des regards vulgaires. L'éléphant avait deux Espagnols et deux Anglais pour s'occuper de lui, et le quadrupède royal avait un tarif royal. Ses gardiens affirment que, du mois de septembre à avril, il ne doit pas boire de l'eau, mais du vin ; et d'avril à septembre « il doit avoir un gallon de vin par jour ». Son allocation hivernale était de six bouteilles par jour, mais peut-être que ses gardiens le retiraient occasionnellement d'une partie de cette boisson alléchante qu'ils jugeaient probablement trop bonne pour la gaspiller sur un animal, même s'il s'agissait d'un éléphant royal.

Lorsque Voltaire vivait près de Genève, il possédait un grand singe qui avait l'habitude d'attaquer et même de mordre amis et ennemis. Ce répugnant animal de compagnie infligea un jour à son maître trois blessures à la jambe, l'obligeant pendant quelque temps à clopiner avec des béquilles. Il avait nommé la créature Luc, et dans une conversation avec des amis intimes, il donna également le même nom au roi de Prusse, car, disait-il, « Frédéric est comme mon singe, qui mord ceux qui le caressent ». En revanche, rappelez-vous comment l'ermite Thoreau cultivait la connaissance d'une petite souris jusqu'à ce qu'elle devienne vraiment apprivoisée et jouait au bopeep avec son ami excentrique.

Rien ne semble trop étrange ou désagréable pour être considéré avec affection. Lord Erskine, qui a toujours exprimé un grand intérêt pour les animaux, avait autrefois deux sangsues pour favorites . Tombé dangereusement malade à Portsmouth, il crut qu'on lui avait sauvé la vie. Chaque jour, il leur donnait de l'eau fraîche et se liait d'amitié avec eux. Il a dit qu'il était sûr que tous deux le connaissaient et qu'ils étaient reconnaissants pour ses attentions. Il les nomma Home et Cline, en hommage à deux chirurgiens célèbres, et il affirma que leurs dispositions étaient tout à fait différentes ; en fait, il croyait distinguer l'individualité chez ces noirs qui se tortillaient dans la fange.

Même les cochons ont eu la chance d'intéresser des gens de génie. Robert Herrick avait un cochon de compagnie qu'il nourrissait quotidiennement avec le lait d'une chope en argent, et Miss Martineau avait la même fantaisie étrange. Elle aussi avait un cochon de compagnie qu'elle lavait et lavait quotidiennement. Lorsqu'elle était trop malade pour superviser l'opération, elle écoutait à sa fenêtre les cris du cochon , annonçant que l'opération avait commencé.

John Wilson, mieux connu sous le nom de Christopher North, aimait de nombreux animaux de compagnie et était aussi unique dans ses méthodes avec eux que dans toute autre chose. Son penchant intense pour les animaux et les oiseaux était souvent une épreuve pour le reste de la famille, comme lorsque sa fille découvrit qu'il avait fait un nid pour quelques jeunes gamecocks dans sa malle de robes de soirée rangée dans le grenier. Sur la table de sa bibliothèque, où « des cannes à pêche trouvaient compagnie à Ben Jonson et Jeremy Taylor reposaient près d'une boîte de sucre d'orge », un moineau apprivoisé avec lequel il s'était lié d'amitié sautillait allègrement, maître de la situation. Ce petit animal de compagnie s'imaginait être l'occupant le plus important de la pièce. Il se blottissait dans son gilet, sautait sur son épaule et semblait influencé par une association constante avec un géant, car il grandissait en stature jusqu'à ce qu'on prétende que le moineau devenait progressivement un aigle.

Le révérend Gilbert White, qui a écrit l'Histoire naturelle de Selborne , parle d'une tortue qu'il caressait, en disant : « J'ai été très impressionné par sa sagacité en discernant ceux qui lui montrent de bons offices, car dès que la bonne vieille dame arrive en vue de celui qui l'attend depuis plus de trente ans, il boitille vers sa bienfaitrice avec un empressement maladroit, mais reste inattentif aux étrangers. Ainsi, non seulement « le bœuf connaît son propriétaire et l'âne la crèche de son maître », mais le reptile le plus abject et le plus engourdi des êtres distingue la main qui le nourrit et est touché des sentiments de gratitude. Pensez à Jeremy Bentham qui cultive une sorte de vesce dans son jardin pour remplir ses poches et nourrir les cerfs des jardins de Kensington ! «Je me souviens», dit son ami qui raconte l'histoire, «qu'il me l'avait montré et m'avait dit que les cerfs vertueux en étaient friands et qu'ils le mangeaient dans sa main.» Comme Byron, il avait autrefois un ours de compagnie, mais il était en Russie à cette époque, et les loups sont entrés dans la boîte de la pauvre créature lors d'une nuit terrible et lui ont emporté une partie de son visage, une déprédation que le philosophe n'a jamais oublié ni pardonné. jusqu'à son dernier jour. Il gardait toujours une réserve de pain rassis dans un tiroir de sa table à manger pour les « souris ».

Les Browning possédaient de nombreux animaux de compagnie, parmi lesquels un hibou qui, après sa mort, fut empaillé et occupa une place honorable dans la bibliothèque du poète. Sydney Smith affirmait ne pas s'occuper des animaux de compagnie, et n'aimait particulièrement pas les chiens ; mais il nomma ses quatre bœufs Tug and Lug, Haul and Crawl, et les administra lorsqu'il crut qu'ils avaient besoin de médicaments. Miss Martineau raconte qu'un phrénologue examinant la tête de Sydney annonça : « Ce monsieur est un naturaliste, toujours heureux parmi ses collections d'oiseaux et de poissons. » "Monsieur", dit Sydney en se tournant solennellement vers lui avec les yeux grands ouverts, "monsieur, je ne distingue pas un poisson d'un oiseau." Mais cette ignorance et cette indifférence étaient toutes supposées. Sa fille, écrivant sur sa vie quotidienne à la maison, raconte : « Le dîner était à peine terminé qu'il réclama son chapeau et son bâton et partit pour sa promenade du soir. Chaque vache, chaque veau, chaque cheval et chaque cochon étaient tour à tour visités, nourris et caressés, et tous semblaient l'accueillir ; il prenait soin de leur confort comme il prenait soin du confort de tous les êtres vivants autour de lui. Il disait : « Je suis pour tout luxe bon marché, même pour les animaux ; maintenant, tous les animaux ont la passion de se gratter le dos ; pour cela, ils brisent vos portes et vos palissades. Regardez, c'est mon Scratcher Universel, une perche aux arêtes vives posée sur un poteau haut et bas, adapté à toutes les tailles, du cheval à l'agneau. Même l'Edinburgh Reviewer peut prendre son tour ; vous n'avez aucune idée à quel point c'est populaire. Qui pourrait résister à l'envie de répéter ici l'épigramme impromptue du sarcastique et diminutif Jeffrey lorsque le critique caustique a été surpris à cheval sur l'âne de compagnie des enfants ? « Je me souviens encore du rire joyeux qui éclata de mon père à ce spectacle inattendu, tandis que, s'avançant vers son vieil ami, le visage rayonnant de joie, il s'écria :

Plein d'esprit comme Horatius Flaccus ,

Aussi grand jacobin que Gracchus,

Petit, mais pas aussi gros que Bacchus,

Monter sur un petit crétin.

Avant de dire au revoir à l'âne, je dois transmettre l'appel de la petite fille de M. Evarts dans leur résidence d'été à Windsor, Vermont, à son savant et judiciaire père ; si naïf et irrésistible :

« CHER PAPA : Rentre bientôt à la maison. L'âne est si seul sans toi !

J'ai entendu un jour M. Evarts se plaindre au juge en chef Chase d'avoir été sévèrement battu lors d'une partie de High Low Jack par Ben, le savant cochon. « Je sais maintenant, dit-il, pourquoi deux pipes sont appelées tête de porc. C'est à cause de leur grande capacité !

On pourrait imaginer qu'un avocat très occupé n'ait pas de temps à consacrer aux animaux de compagnie, mais c'est loin d'être vrai. Burnet, dans sa vie de Sir Matthew Hale, l'avocat le plus éminent du temps de Charles Ier et de Cromwell, dit de lui que « sa miséricorde s'étendait même à ses bêtes, car lorsque les chevaux qu'il avait gardés depuis longtemps vieillissaient, il il ne permit pas qu'ils soient vendus ou travaillés, mais il ordonna à son homme de les lâcher sur ses terres et de les consacrer uniquement à des travaux faciles, comme aller au marché, etc. Il utilisait aussi les vieux chiens avec le même soin ; son berger en ayant un qui était devenu aveugle avec l'âge, il comptait le tuer ou le perdre, mais le juge en apprenant la nouvelle fit qu'un de ses serviteurs le ramène chez lui et le nourrisse jusqu'à sa mort. Et on ne l'a jamais vu plus en colère que contre l'un de ses serviteurs pour avoir négligé un oiseau qu'il élevait et qui est mort faute de nourriture.

Le penchant de Daniel Webster pour les animaux est bien connu. Lorsque ses amis lui rendaient visite à Marshfield, la première excursion qu'ils devaient faire serait dans ses granges et ses pâturages, où il lui montrerait les beautés d'une Aurigny et mentionnerait le nombre de litres qu'elle donnait quotidiennement, avec toute la fierté d'un fermier, ajoutant , "Je sais, car je l'ai mesuré moi-même." Choate avait l'habitude de raconter une histoire *à propos* de cela. Un jour, alors qu'il passait le sabbat à Marshfield, il alla dans sa chambre après le petit-déjeuner pour lire. Bientôt, on frappa autoritairement à la porte et M. Webster cria : « Que faites-vous, Choate ? Il a répondu : « Je lis. » "Oh," dit Webster, "descends voir les cochons."

Il mettait souvent en déroute son fils Fletcher à une heure très matinale pour qu'il sorte et tienne une lanterne pendant qu'il nourrissait les bœufs avec des grains de maïs ; et, remarquant un manque d'enthousiasme marqué chez Fletcher, il disait : « Vous n'appréciez pas cette société, mon fils ; c'est mieux que ce que je trouve au Sénat. Ce fut une scène touchante lorsque, le dernier jour, alors qu'il était assis dans sa bibliothèque bien-aimée, il avait envie de revoir les visages bienveillants de ses honnêtes bœufs et de les faire conduire jusqu'à la fenêtre pour leur dire au revoir. En parlant de Choate, il se souvient d'une histoire comique à propos de sa découverte sur son chemin, lors d'une promenade matinale d'été, d'une douzaine de dorbelets affalés sur le dos sur l'autoroute profitant du chaud soleil. Avec beaucoup de soin, il les remit tous dans une position normale, lorsqu'un ami qui arrivait lui demanda curieusement : « Que faites-vous, M. Choate ? "Eh bien, ces pauvres créatures ont été renversées, et je les aide à prendre un nouveau départ." « Mais, dit l'autre, ils font cela exprès ; ils prennent le soleil et reviendront comme ils étaient. C'était une idée nouvelle pour le plaideur perplexe, mais avec un de ces rares sourires qui illuminaient si merveilleusement son visage triste et sombre, il dit : « Qu'à cela ne tienne, je les ai corrigés ; s'ils rentrent, c'est à leurs propres risques. Et une anecdote intéressante est racontée dans sa biographie sur sa touche de sympathie humaine pour les objets inanimés : « Quand, enfant, il conduisait les vaches de son père, dit-il, plus d'une fois, après avoir jeté son interrupteur, il est revenu pour le retrouver. , et l'a rapporté et l'a jeté sous l'arbre d'où il l'avait pris, car il pensait : « Peut-être y a-t-il encore, après tout, un désir de nature entre eux. »

Il y a suffisamment d'anecdotes sur les oiseaux comme animaux de compagnie pour remplir un autre gros livre. L'un des personnages les plus charmants de Dickens était Lawrence Boythorn , lourd et impétueux , avec son oiseau de compagnie tournant amoureusement autour de lui. A Washington, chez Salmon P. Chase, lorsqu'il était secrétaire au Trésor, vivait un canari de compagnie, l'un des plus dociles, qui avait un penchant particulier pour l'homme d'État grave et réservé. Il était autorisé à voler librement dans la pièce et avait l'habitude invariable d'attendre calmement à côté du secrétaire au dîner jusqu'à ce qu'il ait utilisé son bol à doigts ; alors maître Canary en prendrait possession pour prendre un bain. Dans le bureau de Jean Paul Richter se trouvait une table avec une cage à canaris. Entre celle-ci et sa table à écrire se trouvait une petite échelle sur laquelle les oiseaux pouvaient sauter jusqu'à l'épaule du poète, où ils se perchaient fréquemment.

Celia Thaxter adorait les oiseaux. Elle écrit : « Je ne peux pas vous exprimer ma détresse face à la destruction des oiseaux. Vous savez à quel point je les aime ; tous les autres poèmes que j'ai écrits ont pour sujet un oiseau, et je regarde l'horreur épouvantable des couvre-chefs des femmes avec une souffrance absolue. Je fais des remontrances à tous ceux qui portent des oiseaux. Aucune femme digne de ce nom ne voudrait jouer un rôle dans la destruction de ces chères et belles créatures, et pour une telle vaine folie, se coiffer comme des squaws, qui sont censées ne pas savoir mieux, quand un ruban ou une fleur servirait leur objectif. c'est tout aussi bien de ne pas impliquer ce sacrifice effrayant. Dans une lettre, elle décrit une visite nocturne d'oiseaux.

« Deux ou trois des premiers étaient en bas dans la grande baie vitrée, et entre deux et trois heures du matin il commença à pleuvoir doucement, et tout à coup la pièce se remplit d'oiseaux : moineaux chanteurs, moucherolles, troglodytes, sittelles. Des oiseaux jaunes, des grives, toutes sortes de belles créatures à plumes voltigeaient et s'asseyaient sur des cadres et des appareils à gaz, ou tournoyaient, s'agitaient, dans les airs , tandis que des troupes d'autres se frappaient la tête contre les vitres du dehors, s'efforçant en vain d'entrer. La lumière semblait les attirer comme les papillons de nuit. Nous n'avions pas la paix, il y avait une telle foule, de tels cris, de tels gazouillis et de tels battements d'ailes . Je n'ai jamais entendu parler d'une telle chose ; as-tu?

« Oh, les oiseaux ! Je crois que peu de gens les apprécient comme vous et moi. Les moineaux chanteurs et les gorges blanches me suivent comme des poules quand ils me voient planter. Les martinets s'éclairent presque sur ma tête ; les colibris *le font* et enroulent leurs petites griffes dans mes cheveux ; les moineaux aussi. J'aurais aimé que quelqu'un soit là pour me parler des différents oiseaux et reconnaître ces différentes voix. Il y a plus d'oiseaux que d'habitude cette année, je suis heureux de le dire. Les femmes ne les ont pas tous assassinés à cause des bûchers funéraires qu'elles portent sur la tête... Entre les pies-grièches, les hiboux, les chats, les belettes et les femmes - le pire de tout - je me demande s'il reste un oiseau sur cette planète.

« Dans la cour de la maison de Newton, où nous vivions, j'avais l'habitude d'attacher des os (de viande cuite) à un cerisier qui poussait près de la fenêtre de mon salon ; et quand la neige recouvrait le sol, cet arbre vivait avec des geais bleus et des mésanges, et des pics, à tête rouge et autres, et des moineaux (non anglais), et diverses autres créatures délicieuses. Je n'étais jamais fatigué de les regarder et de les écouter. Le doux ménage des martinets dans les petites loges du toit de ma place m'enchante plus que l'opéra le plus fascinant, et j'adore la musique. Je pense que j'ai dû commencer une existence consciente en tant que sorte d'oiseau dans le passé. Je les aime tellement ! Je me lève toujours à quatre heures et j'entends tout ce que chaque oiseau a à dire sur n'importe quel sujet. Dites-moi, avez-vous déjà attaché des os de mouton et de bœuf aux arbres immédiatement autour de la maison où vous vivez pour les oiseaux ?

Matthew Arnold a écrit sur son canari et son chat avec beaucoup d'amour.

PAUVRE MATTHIAS.

Pauvre Matthias ! Je l'ai trouvé allongé

Tombé sous son perchoir et mourant ?

Je l'ai trouvé raide, dites-vous, bien que chaud,

Tout a convulsé sa petite forme ?

Pauvre canari, plusieurs années

Eh bien, il connaissait sa chère maîtresse;

Maintenant, c'est en vain que tu appelles son nom,

En vain soulevez son cadre rigide.

En vain, réchauffe-le dans ton cœur,

En vain embrasse sa crête dorée,

Lisse bien son plumage ébouriffé,

Touchez son bec tremblant avec du vin.

Encore un soupir, c'est la fin,

Mort et muet notre petit ami.

Pauvre Matthias, aurais-tu

Plus que de la pitié ? Tu réclames un bâton ?

Des amis plus près de nous qu'un oiseau

Nous avons quitté sans un mot.

Rover à la bonne tête brune,

Grand Attossa , ils sont morts ;

Mort, et ni prose ni rime

Raconte les louanges de leur premier.

Tu as vu le sage Attossa

Asseyez-vous pendant des heures près de votre cage ;

Tu gazouillerais, oiseau insensé,

Flutter, gazouiller, elle n'a jamais bougé.

Que représentaient pour elle ces jouets ?

Elle s'enfonça au milieu de sa fourrure ;

Je t'ai regardé avec une âme résignée,

Et tu pensais que les chats étaient gentils.

Cruel, mais composé et fade,

Stupide, impénétrable et grandiose,

Donc Tibère aurait pu s'asseoir

Si Tibère avait été un chat.

Adieu, cher compagnon,

Portez-vous toujours bien, sans crainte,

Bien que tu sois petit, pour t'égarer

Sur le chemin des non-accompagnés .

Nous sans toi, petit ami,

Il reste encore de nombreuses années à passer ;

Ce qui reste ne le sera guère

Mieux que ce que nous avons dépensé avec toi.

Maclise était l'un des associés intimes, si l'on peut employer cette expression, du célèbre Corbeau de Dickens. La lettre dans laquelle les propriétaires endeuillés annonçaient à Maclise la mort de cet intéressant oiseau a été publiée, mais la réponse de l'artiste est maintenant imprimée pour la première fois :

« *13 mars 1841.*

« MON CHER DICKENS , j'ai reçu la triste nouvelle du décès de notre ami hier soir à onze heures, et le choc a été vraiment grand. Je viens d'envoyer l'annonce au pauvre Forster, qui, j'en suis sûr, sympathisera profondément avec notre deuil.

«Je ne sais pas quoi penser de la cause probable de sa mort. Je rejette l'idée du Butcher Boy, pour les ordres qu'il doit avoir reçus au cours de sa vie (du Corbeau). du Corbeau lui-même a dû être considérable - je m'accroche plutôt à la notion de *felo de se* , mais cela ressortira sans doute lors de l'autopsie. Comme nous sommes heureux d'avoir un coroner aussi intelligent en la personne de M. Wakely ! Je pense qu'il avait justement ces habitudes graves et mélancoliques qui sont les signes visibles de votre projet de suicide, sa vie solitaire, ces tons sombres, quand il parlait, ce qui était toujours utile, en témoigne son dernier discours mourant : « Bonjour, vieille fille!' qui respire la gaieté et la résignation triomphante - son costume solennel d'un noir de corbeau qui ne rouille jamais - son caractère était le prototype même d'un héros de Byron et même d'un Scott - un maître de Ravenswood - - Nous devrions être heureux qu'il ait eu son la famille, je suppose; il semble l'avoir voulu, cependant, car sa sollicitude de déposer dans ces banques du jardin ses économies, étaient toujours très touchantes - je suppose que ses obsèques auront lieu immédiatement - C'est beau - l'idée de son retour peu après sa mort à la scène de sa première jeunesse et de toutes ses joyeuses associations, pour se coucher avec des poussières semblables au milieu de ses propres bosquets ancestraux, après être sorti et avoir fait tant de bruit dans le monde, après avoir clairement réservé sa place dans ce car d'immortalité conduit par Dickens.

« Oui, il s'est suicidé, il avait l'impression qu'il l'avait fait et qu'il en avait fini avec la vie – les centaines d'années !! Qu'étaient-ils pour lui ? Il n'y avait pratiquement aucune raison de vivre – et il a commis cet acte téméraire.

« Avec toute ma sympathie ,

« D. MACLISE .»

La colombe de Thurlow Weed semblait inconsolable après sa mort. Lorsqu'un gentleman venait à la maison, l'oiseau se posait sur son épaule, roucoulait et scrutait son visage. Puis, découvrant que ce n'était pas son cher ami, il chercha tristement un autre perchoir. Miss Weed écrit : « Depuis le jour où la dépouille du père a été emportée, la créature affectueuse cherche son maître. Il survole toutes les pièces de la maison et hante assez la bibliothèque. Plusieurs fois par jour, l'oiseau en deuil vient inspecter la pièce. Il foulera chaque centimètre carré du salon, puis se dirigera vers le tapis sur lequel il marchera à plusieurs reprises, comme s'il attendait la venue de son maître décédé. Cela ne ressemble-t-il pas au chagrin humain ?

Whittier a beaucoup écrit sur son perroquet de compagnie. Lisez son poème intitulé « La question de l'oiseau ». Après sa fin tragique, le barde quaker a écrit à son sujet : « J'ai subi une véritable perte. Le pauvre Charlie est mort. Il est allé là où vont les bons perroquets. Il était malade et silencieux depuis un certain temps, et il est finalement décédé. Ne vous moquez pas de moi, mais je suis assez désolé pour pleurer si cela peut servir à quelque chose. C'était un vieil ami. Lizzie l'aimait bien. Et c'était le vieil homme le plus chaleureux, le plus joyeux et le plus agréable que j'aie jamais vu. Il se perchait sur le dossier de la chaise de son maître à l'heure des repas ; parfois d'une manière honteuse et profane, surtout quand, dans des moments d'extrême excitation, il grimpait au clocher à l'aide du paratonnerre, et là il dansait, chantait et jurait un dimanche matin, amusant le passant et choquant son propriétaire. Finalement, il tomba dans la cheminée et ne fut découvert que deux jours plus tard. Il a été secouru au milieu de la nuit et, bien qu'il se soit partiellement rétabli, il est rapidement décédé. Whittier a déclaré : « Nous avons enterré le pauvre Charlie décemment. S'il existe un paradis pour les perroquets, il devrait y aller. Il avait également un coq bantam qui se perchait sur son épaule et aimait être boutonné dans son manteau. Grace Greenwood dans Pile ou Face parle d'un perroquet diplomatique appartenant à Seward, à Washington, prenant part à une discussion politique, essayant de crier Sumner, et si sympathique que lorsque son maître toussait, il présentait des symptômes de bronchite.

Dans une collection d'épitaphes digne de confiance, on peut trouver cet hommage pittoresque et formel à l'ancienne à un oiseau de compagnie :

« Ici repose , âgé de trois mois, le corps de Richard Acanthus, un jeune homme au caractère irréprochable. Il fut enlevé dans son enfance inerte à l'aile d'un tendre parent par la main rude et impitoyable d'un animal à deux pattes et sans plumes.

« Bien que né avec la disposition la plus ambitieuse et l'amour inébranlable de la liberté, il était étroitement enfermé dans une prison grillagée et à peine autorisé à visiter les domaines pour lesquels il avait une charte incontestable.

« Profondément sensible à cette atteinte à ses droits naturels, on l'entendit souvent demander réparation dans les notes les plus plaintives d'une douleur harmonieuse. Enfin, son âme emprisonnée fit éclater la prison que son corps ne pouvait pas faire, et laissa un tas sans vie de belles plumes.

« Si l'innocence souffrante peut espérer un châtiment, ne refusez pas à l'ombre douce de ce malheureux captif l'humble mais incertain espoir d'animer une forme plus heureuse ; ou essayer ses ailes nouvelles dans quelque Elysée heureux, hors de portée de L'HOMME , le tyran de ce monde inférieur.

Peu de femmes aiment autant les animaux de compagnie que Sarah Bernhardt. Elle en transporte cinq ou six avec elle dans tous ses voyages. À New York, l'actrice française possède des appartements à la Hoffman House. La dernière fois que l'écrivain lui a rendu visite, il a été reçu, en entrant dans le salon, par une demi-douzaine de chiens, variant en taille et en espèces depuis le massif Saint-Bernard jusqu'au minuscule noir et feu frissonnant.

L'actrice se leva d'un divan bas et tendit une main à son invité tandis qu'elle serrait de l'autre deux très petits serpents contre son sein. Après avoir repris place sur le divan, et tout en causant, elle caressait les serpents ou les laissait se tortiller à volonté sur sa personne.

En réponse aux questions, Madame Bernhardt a déclaré que les serpents ont été utilisés dans la célèbre scène où Cléopâtre serre le serpent contre son sein et meurt. L'actrice a expliqué que les serpents avec lesquels elle jouait lui avaient été offerts par un gentleman de Philadelphie. Elle parlait avec regret de la mort des serpents qu'elle avait ramenés de France et qui avaient succombé aux rigueurs du voyage océanique.

Emily Crawford raconte de bonnes histoires sur « L'Ancien Dumas », le personnage le plus pittoresque et le plus fringant de toute la littérature. Nous citons un paragraphe montrant l'affection de Dumas pour les animaux :

« Dans sa folie architecturale de Monte-Cristo, près de Saint-Germain- en - Laye , qu'il a bâtie pour plus de sept cent mille francs et vendue trente-six mille francs en 1848, Dumas possédait des terrains et des jardins non clos , qui, avec la maison, offrait logement et divertissement non seulement à une foule d'éponges bohémiennes, mais à tous les chiens, chats et ânes qui choisissaient de s'installer dans cet endroit. Les voisins l'appelaient « *la Maison de Bon Dieu* ». Il y avait une ménagerie dans le parc, peuplée de trois singes ; Jugurtha , le vautour, dont le transport d'Afrique, d'où Dumas l'allait chercher, coûta quarante mille francs (il serait trop long de dire pourquoi) ; un gros perroquet appelé Duval ; un ara nommé Papa, et un autre baptisé Everard ; Lucullus, le faisan doré ; César , le coq de chasse ; un pois et une pintade ; Myeouf II, le chat Angora et le braque écossais, Pritchard. Ce chien était un personnage. Il aimait la société canine et avait l'habitude de s'asseoir sur la route à la recherche d'autres chiens pour les inviter à lui tenir compagnie à Monte Cristo. Il fut emmené par son maître à Ham pour rendre visite à Louis Napoléon alors qu'il y était prisonnier. Ce dernier souhaitait garder Pritchard, mais comptait sans l'intelligence de l'animal en demandant devant sa face à Dumas de le laisser derrière lui. Le braque poussa un hurlement si pitoyable que le directeur de la prison retira l'autorisation qu'il avait donnée à son captif de le retenir.

Il est difficile d'imaginer une chose créée qui n'ait pas été jugée suffisamment intéressante pour être caressée par quelqu'un !

Pline nous parle d'une vache qui suivait un philosophe pythagoricien dans tous ses voyages. Le fier Wolsey entretenait des relations familières avec une vénérable carpe. Saint Antoine avait un penchant pour les cochons. Frank Buckland s'est attaqué aux rats. Le crapaud de Buffon est devenu historique. Clive possédait une tortue de compagnie. Gautier a écrit sur ses lézards, sa pie et son caméléon. Les papillons et les grillons ont été domestiqués et trouvés réactifs. Rosa Bonheur était toujours escortée de deux grands chiens, un de chaque côté, tandis que chez elle un singe préféré jouait dans son escalier et amusait les visiteurs par ses gambades et ses farces. Cowper a abandonné sa mélancolie pour jouer avec les lièvres et a immortalisé ses retraités plutôt ingrats en vers :

Eh bien, au moins un est sûr. Un lièvre abrité

Je n'ai jamais entendu le cri sanguinaire

D'un homme cruel, exultant de ses malheurs,

Partenaire innocent de ma paisible maison,

Dont dix longues années d'expérience dans mes soins

A rendu enfin familier; elle a perdu

Une grande partie de sa peur instinctive et vigilante,

Pas nécessaire ici, sous un toit comme le mien.

Oui, tu peux manger ton pain et lécher la main

Cela te nourrit ; tu peux gambader sur le sol

Le soir et la nuit, retirez-vous en sécurité

Sur ton lit de paille, et dors sans inquiétude ;

Car j'ai gagné ta confiance, je me suis engagé

Tout ce qui est humain en moi, pour protéger

Ta gratitude et ton amour sans méfiance.

Si je te survis, je creuserai ta tombe ;

Et, quand je t'y place, en soupirant, dis :

J'ai connu au moins un lièvre qui avait un ami.

James M. Hoppin , dans son Old England, raconte sa visite à Olney, où vivait Cowper. Il se rendit dans les pièces où il gardait ses lièvres, Puss, Bess et Tiny ; À propos du vétéran survivant de ce célèbre trio, Cowper a écrit :

Bien que dûment de ma main, il a pris

Sa misère tous les soirs,

Il l'a fait avec un regard jaloux,

Et quand il le pouvait, il mordait.

Le Dr John Hall a été vu marchant péniblement dans Central Park l'hiver dernier, suivi d'une troupe de petits écureuils gais et fringants. Il leur avait donné à manger des noix, et ils dispersèrent la neige en nuages tandis qu'ils couraient en courant dans l'espoir d'en obtenir davantage.

Il serait intéressant de citer de très nombreuses personnalités distinguées qui croient à l'immortalité des animaux inférieurs.

Lord Shaftesbury déclare : « J'ai toujours cru en un avenir heureux pour les animaux. Je ne peux ni dire ni conjecturer comment ni où, mais je suis sûr que l'amour ainsi manifesté, notamment par les chiens, est une émanation de l'essence divine et, en tant que telle, il ne peut, ou plutôt ne s'éteindra jamais. »

Frances Power Cobbe a écrit : « Je crois entièrement en une existence supérieure dans l'au-delà, à la fois pour moi-même et pour ceux dont les vies moins heureuses sur terre leur permettent d'y attendre bien plus, de l'amour et de la justice éternels. »

M. Somerville a déclaré : « Je crois que nous rencontrerons les chers animaux. Ils souffrent si souvent ici qu'ils doivent revivre ! La douleur semble une piètre preuve d'immortalité, mais elle est utilisée par les théologiens, et nous trouvons de nombreuses grandes âmes qui croient et espèrent que les animaux puissent aussi avoir une autre vie. Agassiz y croyait fermement. L'évêque Butler ne voyait aucune raison· pour laquelle les pouvoirs et capacités latents des animaux inférieurs ne devraient pas être développés à l'avenir, et dans son Analogie de la religion, il s'est efforcé de mener à bien cette réflexion et de montrer que les animaux inférieurs possèdent effectivement ces facultés mentales. et des caractéristiques morales que nous admettons en nous-mêmes comme appartenant à l'esprit immortel et non au corps périssable.

Le révérend JG Wood a écrit un livre très intéressant sur l'homme et la bête : ici et au-delà, dans le but particulier de prouver l'immortalité de la création brute, en montrant qu'ils partagent avec l'homme les attributs de la raison, du langage, de la mémoire, d'un sens. de responsabilité morale, de désintéressement et d'amour, qui appartiennent tous à l'esprit et non au corps.

Bayard Taylor dit : « Si l'on devait supposer une forme inférieure d'être spirituel mais tout aussi indestructible, qui aurait besoin de s'alarmer ? » "Oui, ils ont tous un seul souffle, de sorte qu'un homme n'a pas de prééminence sur une bête, car tout est vanité", a déclaré le prédicateur il y a plus de deux mille ans. Dans le poème de Taylor dédié à un vieux cheval, Ben Equus , mort à la ferme alors qu'il était jeune, il utilise la même idée :

Car je peux rêver d'une fidélité comme la tienne,

Puisse sauver une certaine essence en toi de la pourriture,

Cela, non négligé par l'Âme Divine,

Ton être s'élève d'une manière inconnue.

Un paradis intermédiaire, où les champs sont frais,

Et des écuries dorées jonchées de fougères ;

Où s'estompent les torts que les chevaux ont connu dans la chair,

Et toutes les joies ressenties par les chevaux reviennent.

Mme Charles écrit :

Est-ce que tout cela est perdu dans le néant,

Une telle joie, un tel amour, un tel espoir et une telle confiance,

Nos pensées étaient tellement occupées à deviner,

Tous piétinés dans la poussière commune ?

Ou y a-t-il quelque chose à venir

De toute notre science tout caché,

À propos des créatures patientes et muettes

Un secret encore à révéler ?

Écrivant sur la mort de son épagneul préféré , Southey exprime la même foi
:

... Mon credo n'est pas étroit,

Et celui qui t'a donné l'être n'a pas encadré

Le mystère de la vie pour être le sport

De l'homme impitoyable. Il y a un autre monde

Pour tout ce qui vit et bouge – un meilleur,

Où les fiers bipèdes qui voudraient s'enfermer

Bonté infinie jusqu'aux petites limites

De leur propre charité, ils peuvent t'envier.

Mme Mary Somerville a écrit ces mots à l'âge de quatre-vingt-neuf ans : « Si les animaux n'ont pas d'avenir, l'existence de beaucoup est des plus misérables. Des multitudes sont affamées, cruellement battues et chargées au cours de leur vie ; beaucoup meurent sous une vivisection barbare. Je ne peux pas croire qu'une créature ait été créée pour une misère non compensée ; ce serait contraire aux attributs de la miséricorde et de la justice de Dieu. Je suis sincèrement heureux de constater que je ne suis pas le seul à croire en l'immortalité des animaux inférieurs. Lamartine a la même pensée dans une adresse à son chien, et bien d'autres sages ont espéré qu'un tel avenir était une réalité.

Le révérend Henry Storrs dit qu'il est plus sage de traiter les animaux avec bienveillance, car si jamais nous devons les revoir, il sera plus agréable de les avoir à nos côtés.

Henry Ward Beecher a souvent reconnu son amour pour les chevaux, comme dans son seul roman, Norwood :

« Je vous le dis, » dit Hiram en se tournant légèrement vers le médecin, « ces chevaux sont aussi proches des humains qu'il est bon pour eux . Un bon cheval a autant de bon sens qu'un homme ; et il est fier aussi, et il aime être félicité, et il sait quand vous le traitez avec respect. Un bon cheval a les meilleurs points d'un homme sans ses échecs .

« À votre avis, que deviennent les chevaux, Hiram, quand ils meurent ? dit Rose.

« Wal , Miss Rose, j'estime que les chevaux seront utiles désormais, et que vous découvrirez qu'il y a là un paradis pour les chevaux. Il y a aussi des Écritures pour cela.»

"Ah!" dit Rose, un peu surprise de ces affirmations confiantes. « De quelle Écriture parlez-vous ?

« Eh bien, dans le Livre de l'Apocalypse ! Ne parle-t-il pas d'un cheval blanc, d'un cheval rouge, de chevaux noirs et de chevaux gris ? j'ai des allergies Je suppose que lorsqu'il disait que la Mort montait un cheval pâle, il devait être gris, car il avait déjà mentionné le blanc une fois. Au neuvième chapitre aussi, il est dit qu'il y avait une armée de deux cent mille cavaliers. Maintenant, j'aimerais savoir où ils ont trouvé tant de chevaux au paradis, si aucun de ceux qui meurent ici ne va là-bas ? À mon avis, un bon cheval a plus de chances d'aller au paradis qu'un mauvais homme ! »

Quand nous voyons la supériorité d'un cheval noble sur son conducteur brutal ou ivre, cela semble pour le moins possible, et la plupart d'entre nous ont perdu un animal de compagnie que nous préférerions revoir que la majorité de nos connaissances.

Helen Barron Bostwick , après avoir « enterré sa jolie jument brune sous le cerisier », s'enquiert :

Est-ce la fin?

Savez-vous?

et termine son poème ainsi :

Y a-t-il quelque chose de mal à croire,

Cela, une forme plus récente de réception,

Ils trouveront peut-être une sphère plus large,

Vivre une vie plus grande qu'ici ?

Que les yeux doux et attirants,

Hanté par d'étranges mystères,

Trouver un domaine plus étendu,

Vers de nouveaux destins descellés ;

Ou, que dans la prime mûrie

D'une lointaine heure d'été,

En s'étendant sur ce domaine inconnu,

Nous retrouverons peut-être nos animaux de compagnie.

Sir Edwin Arnold a traduit beaucoup de choses touchantes sur ceux qui se consacrent aux animaux. Une femme pécheresse amenée à mourir par lapidation fut graciée par le roi, à cause de sa pitié, même dans cette terrible crise, pour un chien mourant :

Regardant l'eau hors de portée,

Et priant pour le secours dans un discours silencieux,

Ses yeux étaient si pitoyables que, lorsqu'elle les vit,

Cette femme a tiré sa chaussure de son pied,

Bien que triste à mort et en boucle

La longue soie de sa ceinture faisait une coupe

Du creux du talon, et ainsi le laisser couler

Jusqu'à ce qu'il touche le bord de l'eau fraîche et noire,

Alors j'ai rempli la chaussure brodée et j'ai donné un brouillon

À la bête épuisée.

Cette bête brute

Témoigne pour toi, sœur ! dont la poitrine faible

La mort ne pouvait pas rendre insensible. Je tiens la règle

A la place d'Allah, qui est le Miséricordieux,

Et espère la miséricorde ; pars donc libre -

Je n'ose pas te montrer moins de pitié !

Nous envoyons des missionnaires en Orient pour enseigner à ceux qui, à certains égards, sont bien équipés pour nous instruire par leur vie pure, leurs objectifs exaltés et leur miséricorde envers la création brute. Quelle belle

histoire de l'homme qui ne voulait pas entrer au paradis et laisser son chien
derrière lui !

Mais le roi répondit : « Ô toi le plus sage,

Qui sait ce qui était, ce qui est et ce qui sera,

Encore une grâce : ce chien a mangé avec moi,

M'a suivi, m'a aimé : dois-je le quitter maintenant ?

" Monarque ", dit Indra , "tu es maintenant comme nous—

Immortel, divin, tu es devenu un dieu ;

Gloire, puissance et dons célestes,

Et toutes les joies du ciel sont à toi pour toujours.

Qu'est-ce qu'une bête a avec ça ? Laisse ici ton chien.

Pourtant Yudhishthira répondit : « Ô Très-Haut,

Ô mille yeux et plus sage ; peut-il être

Celui qui est exalté devrait paraître impitoyable ?

Non, laisse-moi perdre une telle gloire : pour elle

Je ne quitterais pas un être vivant que j'aimais.

Puis sévèrement Indra dit : « Il est impur,

Et à Swarga, ceux-là n'entreront pas.

La main du Krodhavasha détruit les fruits

Du sacrifice, si les chiens souillent le feu.

Pense à toi, Dharmaraj , quitte maintenant cette bête ;

Ce qui est convenable n'a pas le cœur dur .

Pourtant il répondit : « Il est écrit que pour rejeter

Un suppliant est égal en offense à tuer

Un double-né; pourquoi, pas pour le bonheur de Swarga

Quitte moi , Mahendra , ce pauvre chien accroché.

Alors sans aucun espoir ni ami, sauve-moi,

Si mélancolique, admiratif de ma fidélité,

Tellement angoissé de mourir, à moins que je n'aide

Qui parmi les hommes était appelé ferme et juste. »

Citation Indra : « Non, la flamme de l'autel est fétide

passe un chien ; les anges en colère balayent

La fumée ascendante mise à part, et tous les fruits

De l'offrande et du mérite de la prière

De celui qu'un chien touche . Laisse-le ici;

Celui qui entrera au ciel doit y entrer pur.

Pourquoi as-tu quitté tes frères en chemin,

Et Krishna, et le bien-aimé Draupadi ,

Atteindre ferme et glorieux, à cette monture

Par des actes parfaits, s'attarder sur une brute ?

Hath Yudhishthira s'est-il vaincu pour fondre

Avec une pauvre passion à la porte du bonheur ?

Reste pour cela, toi qui n'es pas resté pour eux...

Draupadi , Bhima ?

Mais le roi parla pourtant :

« On sait que personne ne peut blesser ou aider les morts.

Eux, les délicieux, qui ont coulé et sont morts,

En suivant mes traces, je ne pourrais plus revivre

Bien que je me sois retourné, je ne me suis donc pas retourné ;

Mais je pouvais aider à faire du profit, je m'étais tourné vers l'aide.

Il y a quatre péchés, ô Sakra , des péchés graves :

La première est de désespérer les suppliants,

La seconde est de tuer une femme qui allaite,

Le troisième est de gâcher les biens des brahmanes par la force,

Le quatrième blesse un ancien ami.

Ces quatre-là, je les considère comme égaux à un seul péché,

Si quelqu'un, en sortant du malheur pour le bonheur,

Abandonnez alors tout camarade le plus méchant.

Alors qu'il parlait , le grand Indra sourit brillamment ;

Le chien a disparu et à sa place il est resté là

Le Seigneur de la Mort et de la Justice, le moi du Dharma.

Doux étaient les mots qui tombaient de ces lèvres redoutables,

Précieuse la belle louange : « Ô toi vrai roi,

Toi qui amènes à récolter la vraie graine

De la justice de Pandu ; toi qui as Ruth

Comme avant, sur tout ce qui vit ! Ô fils,

Je t'ai essayé dans le bois de Dwaita , à quelle heure

Ils ont frappé tes frères en apportant de l'eau ; alors

Tu as prié pour la vie de Nakula , tendre et juste,

Ni celui de Bhima ni celui d'Arjuna , fidèle aux deux,

A Madri comme à Kunti , aux deux reines.

Écoute ma parole : Parce que tu n'es pas monté

Cette voiture est divine, de peur que le pauvre chien ne soit expulsé

Qui t'a regardé… voilà ! il n'y en a pas au paradis

Doit s'asseoir au-dessus de toi, fils du roi Bharata !

Entre maintenant dans les joies éternelles,

Vivant et sous ta forme. Justice et amour

Bienvenue, monarque ; tu trôneras avec eux.

En tant qu'agriculteur et beurrier, je souhaite condenser une thèse sur La vache intellectuelle, tirée du London Spectator :

L'écrivain n'apprécie pas l'impression générale selon laquelle la vache n'est qu'une simple machine alimentaire et prouve qu'elle n'a jamais encore eu justice de ses qualités mentales et qu'elle a droit à une considération plus respectueuse.

Les vaches possèdent certainement une individualité marquée, et dans chaque troupeau se trouve un esprit maître qui dirige et domine les autres ou agit comme meneur de méfaits. Ils apprennent bientôt leurs propres noms, y répondent et se trompent rarement quant à leurs propres stands. Ils sont aussi sans doute influencés par l'affection et donneront du lait plus librement à un ami qu'à quelqu'un qui se montre brutal dans ses manières.

De plus, ils aiment autant les caresses que les humains, et salueront avec délices ceux qui leur apporteront des offrandes de pommes de terre, de morceaux de pommes ou de morceaux de pain, ou qui s'offriront le luxe d'une bonne friction à leur tête et à leur cou.

Charles Dudley Warner, dans Being a Boy, rend un vibrant hommage au Dindon Martial :

de la Turquie que nous tirons l'idée de certaines de nos meilleures manœuvres militaires. Le déploiement de la ligne d'escarmouche en avant d'une armée en fait partie. Le tambour-major de nos compagnies de milice de fête est calqué exactement sur le gobeur de dinde : il a la même apparence splendide, la même démarche fière et le même aspect martial. Le gobbler ne dirige pas ses forces en campagne, mais les suit, comme le colonel d'un régiment, afin de voir chaque partie de la ligne et de diriger ses mouvements. Cette ressemblance est une des choses les plus singulières de l'histoire naturelle. J'aime regarder le gobbler manœuvrer ses forces dans un champ de sauterelles. Il jette sa compagnie de deux douzaines de dindes en ligne d'escarmouche en forme de croissant, le nombre étant disposé à égale distance, tandis qu'il marche majestueusement à l'arrière. Ils avancent rapidement, piquant à droite et à gauche, avec une précision militaire, tuant l'ennemi et éliminant les cadavres avec le même bec. Personne n'a encore découvert combien de sauterelles une dinde peut contenir ; mais il ressemble beaucoup à un garçon lors d'un dîner de Thanksgiving : il continue à manger jusqu'à épuisement des stocks. Le gobbler, lors d'un de ces raids, ne daigne pas attraper une seule sauterelle – du moins, pas pendant que quelqu'un le surveille. Mais je suppose qu'il se rattrape lorsqu'on ne peut pas nuire à sa dignité en ayant des spectateurs de sa voracité ; peut-être tombe-t-il sur les sauterelles lorsqu'elles sont poussées dans un coin du champ. Mais il ne fait que s'engraisser pour se détruire ; comme tous les avides, il connaît une mauvaise fin. Et si les dindes avaient une école du dimanche, on leur enseignerait cela.

Josh Billings, dans son Animile Statistix , prouva qu'il avait été un observateur attentif. Il dit dans ce medley comique :

« Les chats sont affectueux, ils adorent les jeunes poulets, la crème sucrée et la meilleure place devant la cheminée.

« Les chiens sont fidèles ; ils resteront collés à un os après que tout le monde l' aura abandonné.

« Le bœuf sait Salut, le krib du maître , et c'est tout ce qu'il a duz je connais ou je me soucie de son maître.

« Les Munkeys sont des imitateurs , mais s'ils ne peuvent pas imiter certaines diableries, ils ne sont pas heureux.

« L'oie est comme tous les autres imbéciles – tout le monde semble désireux de le prouver.

« Les canards ne sont rusés que pour une chose : ils pondent leurs œufs dans des endroits si sournois qu'ils ne peuvent parfois pas les retrouver eux-mêmes .

« La Moushrat Je peux prévoir un hiver rigoureux et y pourvoir, mais il ne peut pas s'empêcher de gittin. ketched de la manière la plus sournoise d' un piège.

« Les poules savent quand il va pleuvoir et s'abritent , mais elles essaieront de faire éclore un œuf en verre tout aussi honnêtement qu'elles en feront un sur le leur.

« Le coucou iz la plus grande économe parmi les oiseaux, elle pond ses œufs dans les nids d'autres oiseaux et les laisse les éclore à leur guise .

« Les rats ont moins d'amis et plus d'ennemis que n'importe quel autre pourpier à quatre pattes sur la surface de la terre, et pourtant les rats sont en abondance maintenant , aux jours les plus riches de l'Empire romain.

«Le cheval toujours se lève d'abord du sol sur ses pattes avant, le kow sur ses pattes postérieures, et le chien se retourne 3 fois avant de se coucher.

«Le kangourou saute quand il marche, le coon fait les cent pas quand il trotte, le homard recule aussi vite qu'il avance.

"L'éléphant a le moins d'oeil, et le lapin le plus d'yeux pour sa taille, et l'histoire d'un rat n'a que la longueur d' un ov salut corps . »

Le tout dernier élément d'intérêt pour les amoureux des chiens est l'annonce selon laquelle Bismarck a acheté un épagneul King Charles de deux livres à l'exposition canine de Boston.

Ma collection est désormais aussi complète que les limites de temps et les éditeurs le permettent. En tant que propriétaire, je demande la permission d'annoncer que mon zoo littéraire est désormais ouvert à toute heure (pour une somme modique) à ceux qui s'intéressent à ce que nous appelons, avec vanité et peut-être par ignorance, les ordres inférieurs de la création et les brutes muettes.

LA FIN.